Refeições saudáveis para Bebês

Refeições saudáveis para Bebês

Valerie Barrett

DIFUSÃO
CULTURAL
DO LIVRO

Dados Internacionais de Catalogação na Publicação (CIP)
(Câmara Brasileira do Livro, SP, Brasil)

Barrett, Valerie
   Refeições saudáveis para bebês / Valerie
Barrett ; [tradução Elenice Barbosa de Araujo]. --
São Paulo : DCL, 2011.

   Título original: Baby & toddles.
   ISBN 978-85-368-1113-0
   1. Bebês - Culinária 2. Crianças - Culinária
   3. Culinária 4. Receitas I. Título.

11-07385   CDD-641.5637

Índices para catálogo sistemático:
   1. Receitas : Culinária para bebês e crianças :
       Economia doméstica 641.5637

Publicado originalmente por Parragon Books Ltd
Copyright © 2011 da edição brasileira – Editora DCL – Difusão Cultural do Livro
Livro desenvolvido por Love Food® - marca registrada da Parragon

Todos os direitos reservados. Nenhuma parte desta publicação pode ser reproduzida, armazenada em um sistema de recuperação ou transmitida, de qualquer forma e por qualquer meio, eletrônico, mecânico, fotocópia, gravação ou outro, sem a permissão prévia do detentor dos direitos autorais.

Impresso na China

Texto: Valerie Barrett
Tradução: Barbara Menezes
Fotografias: Clive Bozzard-Hill
Economista doméstica: Valerie Barrett
Ilustrações: Anna Andrews
Diagramação e Revisão: Estúdio Japiassu Reis
Gerente de Arte: Clayton B. Torres
Assistente Editorial: Jeferson Máximo
Editora: Áine Menassi

Observações para o leitor
Este livro usa o padrão métrico e as medidas de xícaras dos EUA (aproximadamente 236 ml). Todas as medidas de colheres são rasas: presume-se que colheres de chá tenham 5 ml e colheres de sopa tenham 15 ml. A menos que seja dito o contrário, presume-se que o leite seja integral, que os ovos e legumes individuais (como batatas) tenham tamanho médio e que a pimenta seja pimenta do reino recém-moída. Receitas que levam ovos crus ou levemente cozidos devem ser evitadas por crianças pequenas, idosos, grávidas, pessoas convalescentes e qualquer pessoa que tenha uma doença crônica. Sementes e nozes inteiras não são recomendadas para crianças com menos de cinco anos. Manteigas de nozes e nozes e sementes bem picadas ou trituradas são adequadas para bebês a partir de um ano de idade, a menos que exista um histórico de alergia a esses alimentos na família. Se tiver dúvidas, converse com seu médico. Os tempos são fornecidos apenas como uma orientação aproximada.

Agradecimentos pelas fotos
O editor gostaria de agradecer pelas seguintes permissões de reprodução de materiais protegidos por direitos autorais: Getty: imagem da capa; Corbis/David Raymer: página cinco, no centro, à direita; Corbis/Envision: página 14, à direita; iStockphoto/René Mansi: página 7, à direita; iStockphoto/Elena Korenbaum: página 8, à esquerda; iStockphoto/Marcelo Wain: página 8, no centro; iStockphoto/Karen Squires: página 9, à esquerda; iStockphoto/Thomas Perkis: página 9, no centro; iStockphoto/Zoran Mircetic: página 10; iStockphoto/Ramona Heim: página 14, à esquerda; iStockphoto/Boris Yankov: página 17, à esquerda; e Jupiter Images: página 8, à direita, e página 16.

conteúdo

introdução	6
primeiros sabores	18
estabelecendo alimentos sólidos	28
incentivando seu filho a comer sozinho	40
novos sabores e texturas	54
aventuras saborosas	68
participando das refeições em família	82
índice remissivo	96

introdução

Criar um lar feliz e saudável onde uma criança pode crescer e florescer é o objetivo de todos os pais. A alimentação tem um papel importante nessa meta porque uma boa saúde vem de uma boa nutrição. Este livro trará para você informações sobre nutrição, conselhos para alimentar seu filho do desmame à pré-escola e receitas e dicas para preparar refeições deliciosas no dia a dia que seu filho irá adorar.

Quando os bebês nascem, sempre desejamos a eles saúde e felicidade. Os pais podem criar a base para uma vida inteira de saúde garantindo que eles tenham uma dieta bem balanceada e nutritiva, estabeleçam bons hábitos de alimentação e aprendam a apreciar uma grande variedade de alimentos. Uma boa dieta reduzirá os riscos de desenvolvimento de determinadas doenças tanto na infância quanto na vida adulta. Os primeiros anos são, para os pais, como uma montanha-russa de descobertas e aprendizados. Assim que você domina a arte da amamentação – ou da mamadeira –, já é hora de introduzir alimentos sólidos na dieta. Para os pais de primeira viagem, tudo é novo e bastante assustador. No entanto, munido com algumas informações úteis e algumas boas dicas e receitas, você perceberá que é bastante simples. Apresentar seu filho a novos alimentos, sabores e texturas ajudará a manter o vínculo que você criou com a amamentação ou a mamadeira e as refeições serão oportunidades de socialização e treinamento.

Quanto ao segundo desejo – a felicidade –, uma criança saudável e bem nutrida com certeza será também uma criança feliz. A felicidade vem do sentimento de fazer parte de uma família e de estar junto a ela. As refeições não são só um horário para comer. São momentos para compartilhar e estreitar os laços com os membros da família. Como a vida hoje em dia é muito agitada, é fácil cairmos no hábito de comer enquanto fazemos outras coisas ou em horários diferentes das outras pessoas, de acordo com a necessidade de cada um. Ao compartilhar uma refeição, seu bebê irá observá-lo e copiá-lo e, assim, aprenderá a segurar a colher, a comer e a se comportar. Preparando você mesmo a comida, você saberá que todos os alimentos estão frescos e são nutritivos.

fazendo as escolhas certas

A nutrição é uma ciência complicada, e bebês e crianças têm necessidades muito diferentes dos adultos. Talvez você não gaste muito tempo pensando na sua própria nutrição, mas com certeza precisa levar em consideração a do seu filho. Isso pode facilmente levá-lo a pensar melhor no que você come. Se você passou por uma gravidez, com certeza já começou a fazer isso. Portanto, o primeiro passo é pensar na sua própria dieta, pois, em alguns anos, seu filho irá comer junto com você.

Aqui estão alguns passos simples para ajudar os pais a terem para uma dieta mais saudável:
- Coma mais frutas e legumes
- Diminua a quantidade de alimentos com açúcar
- Diminua a quantidade de sal usando outros temperos, como ervas e pimentas
- Diminua a quantidade de gordura e opte por leite desnatado ou semidesnatado
- Escolha cortes magros de carnes e reduza a quantidade de carne ingerida misturando-a ao feijão
- Coma alimentos ricos em carboidratos, como pães, massas e arroz, mas não coloque muito molho, manteiga e óleo neles.

CARBOIDRATOS

Há dois tipos principais de carboidratos: complexos (ou amiláceos) – encontrados em batatas, arroz, massas, pães e cereais – e simples (ou refinados), como o açúcar. Os dois tipos são transformados no nosso corpo em glicose, que depois é usada para gerar energia. Carboidratos complexos são uma boa fonte de vitaminas, minerais e fibras e eles liberam a energia lentamente, ao longo de bastante tempo. Carboidratos refinados fornecem calorias, mas não nutrientes. Eles são transformados em glicose muito rapidamente, produzindo uma rápida "explosão" de energia, seguida por uma "baixa" na energia. Como o açúcar refinado é barato e tem um sabor gostoso, ele é acrescentado a muitos produtos manufaturados.

GORDURA

A gordura é um nutriente essencial, que protege órgãos internos e mantém os tecidos saudáveis. A gordura contém muitas calorias dentro de um volume pequeno e é uma fonte de energia muito concentrada. Isso é bom para os bebês, que precisam de muitas calorias, mas têm estômagos pequenos. Os bebês não devem ter uma dieta com pouca gordura. Ela também é necessária para ajudar o corpo a absorver e usar as vitaminas lipossolúveis A, D, E e K.

VITAMINAS E MINERAIS

As vitaminas dão suporte ao sistema imunológico, ajudam o cérebro a funcionar e ajudam a converter a comida em energia. São necessárias para termos pele e cabelos saudáveis, para controlar o crescimento e para equilibrar os hormônios. As vitaminas são necessárias apenas em pequenas quantidades e podem ser encontradas em uma ampla gama de alimentos. Há dois tipos: as vitaminas lipossolúveis A, D, E e K, que podem ser armazenadas no corpo, e as vitaminas C e o grupo de vitaminas B, solúveis em água, que precisam ser ingeridas diariamente e são destruídas ao cozinharmos. Minerais são substâncias inorgânicas necessárias para diversas funções do corpo. Há muitos minerais necessários para nós, sendo que os dois mais importantes para crianças são o cálcio e o ferro.

PROTEÍNAS

As proteínas são compostas por aminoácidos e são essenciais para a produção e cura de células e tecidos do nosso corpo. As proteínas de alimentos de origem animal contêm todos os aminoácidos essenciais, enquanto as proteínas dos alimentos de origem vegetal tendem a ter pouca concentração de um ou mais deles. A maioria das pessoas consome proteínas suficientes em sua dieta, mas veganos e vegetarianos precisam de uma alimentação bastante variada para garantirem o consumo suficiente de proteínas. As crianças precisam de mais proteínas, em proporção ao seu tamanho, do que os adultos, por isso, é importante garantir que consumam o suficiente.

Fontes animais de proteínas:
- Carne vermelha
- Peixe
- Carne de aves
- Ovos
- Laticínios

Fontes vegetais de proteínas:
- Lentilhas
- Feijões – cannellini, grão-de-bico, feijão roxo
- Grãos – trigo, arroz, aveia, painço, centeio e alimentos preparados com eles, como pães e massas
- Soja e seus produtos, como tofu
- Nozes
- Sementes

FIBRAS

Alimentos ricos em fibras são muito massudos e pesados para bebês. Eles também têm poucas calorias. Seu bebê irá ingerir fibras naturais suficientes de frutas e legumes.

plano de desmame

Ao longo dos meses, a quantidade de comida ingerida pelo seu bebê irá aumentar gradualmente.
Não seja tentada a apressar o ritmo, oriente-se pelo apetite do bebê.

	AO ACORDAR	CAFÉ DA MANHÃ	ALMOÇO	LANCHE	NOITE
ESTÁGIO 1 (cerca de 6 meses)	Amamentação ou mamadeira	Arroz para bebês misturado ao leite que o bebê costuma tomar (uma ou duas colheres de chá); amamentação ou mamadeira	Amamentação ou mamadeira	Amamentação ou mamadeira	Amamentação ou mamadeira
ESTÁGIO 2 (cerca de 6 meses e meio)	Amamentação ou mamadeira	Arroz para bebês misturado ao leite que o bebê costuma tomar; amamentação ou mamadeira	Uma ou duas colheres de chá de purê de legumes ou frutas; amamentação ou mamadeira	Amamentação ou mamadeira	Amamentação ou mamadeira
ESTÁGIO 3 (cerca de 7, 8 meses)	Amamentação ou mamadeira	Arroz para bebês com purê de frutas; amamentação ou mamadeira	Purê de frango com legumes; água fervida resfriada para beber	Purês de legumes ou frutas; amamentação ou mamadeira	Amamentação ou mamadeira
ESTÁGIO 4 (cerca de 8 a 10 meses)	Amamentação ou mamadeira	Arroz para bebês, ou aveia ou outro cereal matinal para bebês com leite ou água e purê de frutas; amamentação ou mamadeira	Carne ou frango em purê ou amassado, com feijão, ou lentilha, ou batata, ou arroz, ou massa e legumes; fatias de frutas; água fervida resfriada ou suco bem diluído	Iogurte com frutas em purê, picadas ou cozidas; fatias de torrada ou palitos de pão e molhos saborosos; amamentação ou mamadeira	Amamentação ou mamadeira, se precisar
ESTÁGIO 5 (cerca de 10 a 12 meses)	Os bebês podem ou não precisar de leite ao acordar, mas podem ter sede, assim, ofereça água ou suco bem diluído.	Oatmeal or breakfast cereal with fresh fruit; slices of toast; breast- or bottle-feed	Carne ou frango cortado, com feijão, lentilha, arroz, massa, batata ou pão e legumes; fatias de fruta e/ou sobremesa de iogurte ou leite; água ou suco bem diluído	Massa ou sopa; pão ou fatias de torrada; frutas frescas; amamentação ou mamadeira	Amamentação ou mamadeira, Se precisar

Continue a oferecer a amamentação ou a mamadeira entre as refeições se o seu beber quiser, mas, conforme as refeições forem ficando mais estabelecidas, você verá que ele precisará menos delas. Ofereça pequenos lanches saudáveis se seu bebê for incrivelmente ativo, pois isso manterá os níveis de energia altos.

10 introdução

quanto é uma porção?

Cada bebê é diferente, portanto, oriente-se pelo apetite do seu filho. Crianças de um a dois anos precisam da mesma variedade e número de porções que crianças mais velhas, mas podem precisar de menos calorias, por isso, ofereça porções menores. Não se preocupe se seu filho não comer as porções sugeridas todo dia; o que importa é o que a criança ingere ao longo de um período de duas a três semanas. A seguir, temos um guia de tamanhos padrão de porções para crianças de um a três anos e mais velhas, mas lembre-se de que é apenas um guia e o apetite das crianças varia muito.
Os alimentos são divididos em três grupos principais e há uma necessidade diária diferente para cada um. Carboidratos complexos, como pão, arroz, massas, cereais, grãos e batatas devem ser servidos seis vezes por dia. Pelo menos metade dessas porções deve ser de grãos integrais, porque são mais nutritivos do que as variedades processadas.

Grãos, cereais, pão, etc.:
- ½ a 1 fatia de pão
- 1 a 2 colheres de sopa de cereal matinal
- 1 a 2 colheres de sopa de arroz ou massa cozida
- 1 a 2 colheres de sopa de mingau de aveia cozido
- 55 g de batata

Devem ser consumidas três poções de legumes por dia. Sirva uma grande variedade de legumes, desde os de cor laranja, como cenouras e abóboras, e os verdes escuros, como brócolis e espinafre, até as variedades amiláceas e leguminosas, como ervilha e feijão.
Devem ser consumidas duas porções de frutas por dia. Tente dar ao seu bebê uma grande variedade de frutas para conseguir um equilíbrio de vitaminas e minerais. Tenha cuidado ao comprar sucos de frutas e lanches de frutas, pois esses produtos geralmente não têm muito da fruta natural. Iogurtes de fruta geralmente têm pouca fruta e muito açúcar, portanto, é melhor servir iogurte natural com frutas frescas.

Legumes e frutas:
- ½ a 1 maçã, pera ou laranja de tamanho médio
- 1 a 2 colheres de sopa de uvas ou bagas (por exemplo: morangos, framboesas e amoras)
- ½ a 1 kiwi, ameixa ou damasco
- 1 a 2 colheres de sopa de frutas cozidas ou em conserva
- ½ a 1 colher de sopa de frutas secas
- ½ a 1 cenoura pequena
- 1 a 2 colheres de sopa de ervilhas
- 1 a 2 buquês de brócolis ou couve-flor

Devem ser servidas duas porções por dia de carne vermelha, carne de aves, peixe, ovos, nozes e feijões. Tente escolher cortes magros de carne e limite os alimentos fritos – os grelhados ou cozidos no forno são preferíveis.

Carne, peixe, ovos, etc.:
- 25 a 55 g (½ a 1 fatia) de carne vermelha magra
- 25 a 55 g de carne de aves ou peixes
- ½ a 1 ovo
- 1 a 2 colheres de sopa de feijão ou lentilha

Leite, iogurte, queijo e outros laticínios devem ser servidos em duas ou três porções por dia. Crianças com menos de dois anos precisam de leite integral.

Laticínios:
- ⅔ a ¾ de copo de leite
- 25 a 40 g de queijo de pasta dura
- 1 a 2 potes pequenos (125 g) de iogurte

Muitos alimentos, como o leite, as nozes e as frutas, contêm gorduras e açúcares. Não há necessidade de acrescentar bolos, biscoitos, doces, geleias e refrigerantes. Essas comidas devem ser servidas somente como prazeres ocasionais.

introduzindo alimentos na dieta do seu bebê

ALIMENTO	4 A 6 MESES	MAIS DE 6 MESES	MAIS DE 8 MESES	MAIS DE 10 MESES	MAIS DE 1 ANO	OBSERVAÇÃO
Legumes	Purês cozidos	Amassados e purês cozidos	Filetes cozidos	Filetes cozidos e crus		
Frutas	Purês cozidos	Amassados e purês cozidos; algumas frutas cruas, como banana	Filetes crus			
Leite de vaca e laticínios	Não	Não, leite fervido e iogurte podem ser introduzidos no final deste estágio	Acrescente queijos de pasta semidura e outros laticínios		Introduzir leite integral para beber	Leite semidesnatado pode ser introduzido depois dos dois anos se seu bebê for saudável e tiver uma dieta variada
Carne e frango	Não	Não, mas podem ser introduzidos perto do final deste estágio	Comece com frango e introduza a carne vermelha gradualmente; sem miúdos até o bebê passar de um ano e, então, somente em porções bem pequenas			
Bacon e presunto	Não	Não	Podem ser introduzidos apenas em pequenas quantidades, pois têm muito sal			
Peixe	Não	Não	Não	Não	Vários peixes podem ser servidos, mas as crianças não devem comer tubarão, marlim, nem peixe-espada	
Peixe defumado e mariscos	Não	Não	Não	Não	Com moderação e bem cozidos	Se houver risco de alergia, espere até os três ou quatro anos
Trigo e derivados	Não	Não	Com moderação e gradualmente; observe se há reações adversas			
Ovos	Não	Não	Somente bem cozido, gema	Somente bem cozido, gema	Bem cozido, o ovo inteiro	

ALIMENTO	4 A 6 MESES	MAIS DE 6 MESES	MAIS DE 8 MESES	MAIS DE 10 MESES	MAIS DE 1 ANO	OBSERVAÇÃO
Alimentos cítricos	Não	Não	Não	Não	Após um ano	
Nozes, amendoim e manteiga de amendoim	Não	Não	Não	Não	Comece com nozes moídas e monitores as reações	Se houver risco de alergia, espere até os três ou quatro anos; sem nozes inteiras, pedaços de nozes ou manteiga de amendoim até os 5 anos por causa do risco de a criança engasgar
Semente de gergelim e produtos	Não	Não	Não	Não	Após um ano e observe as reações	
Mel	Não	Não	Não	Não	Após um ano	
Tofu	Não	Não	Perto do final deste estágio			
Bagas	Não	Não	Não	Sem morangos	Introduza os morangos após um ano	
Queijos semicurados	Não	Não	Não	Não	Não	Introduza gradualmente
Alimentos ricos em fibras	Não	Não	Não	Não	Não	A partir dos cinco anos, como parte de uma dieta balanceada.
Chá e café, refrigerante e outras bebidas para adultos	Não	Não	Não	Não	Não	Devem ser evitados na dieta da criança
Sal	Não	Não	Não	Não	Não	Não há necessidade de adicionar sal
Açúcar	Não	Não	Não	Não	Deve ser evitado, exceto quando fizer parte de receitas	
Adoçantes artificiais, aditivos, etc.	Não	Não	Não	Não	Não	Devem ser evitados na dieta da criança

leites e bebidas

O leite materno é o alimento ideal para bebês nos primeiros meses e, na verdade, durante o primeiro ano. O leite de fórmula para bebês é bom até um ano de idade. Se houver evidências de alergia ou intolerância ao leite de fórmula, alguns bebês podem receber prescrições para leite de soja. No entanto, ele não deve ser dado sem prescrição porque tem altas taxas de glicose, o que pode causar cáries. O leite de soja também contém hormônios de plantas, fitoestrógenos, que ainda não foram totalmente estudados em bebês. Os leites de cabra e ovelha não são adequados para crianças com menos de um ano. O leite de vaca não deve ser dado antes de um ano de idade como a principal fonte de leite porque tem pouco ferro, embora não haja problema em usá-lo para cozinhar. Um bebê nasce com ferro suficiente armazenado no corpo para os seis primeiros meses, mas, depois dessa idade, precisa de alimentos ricos em ferro. Com um ano de idade, a dieta de um bebê deve variar o bastante para conter ferro e o leite de vaca pode, então, ser introduzido.

Lembre-se de que o leite é um alimento e, muitas vezes, seu bebê terá apenas sede. A melhor coisa a oferecer é a água e, para bebês com menos de seis meses, use água de torneira fervida e resfriada. Evite a água engarrafada porque ela geralmente tem um alto conteúdo de minerais e sódio.

Refrigerantes, leites com sabor e bebidas com sucos não são adequados para bebês e crianças pequenas porque contêm açúcar. Até mesmo algumas bebidas "para bebês" contêm açúcares e ácidos de frutas, que são prejudiciais para os dentes. Bebidas com muito açúcar podem diminuir o apetite da criança e isso pode levar a pouco ganho de peso. Suco de frutas bem diluído (uma parte de suco para dez partes de água) e não cítrico pode ser dado junto com as refeições para bebês com menos de um ano. Sucos cítricos, novamente bem diluídos, podem ser dados depois do primeiro aniversário do bebê. Chá e café não são adequados para bebês ou crianças pequenas por causa da cafeína contida neles.

cozinhar, congelar e reaquecer

Oferecer ao seu bebê comidas feitas em casa na maioria das refeições proporciona a ele um início de vida melhor. Obviamente, é muito mais barato fazer a sua própria comida de bebê e você também sabe exatamente o que foi colocado nela e tem certeza de que não há aditivos.

Para fazer purês, você precisará de um aparelho para picar e processar. Um processador de alimentos padrão executará todas as tarefas necessárias. Se não quiser essa despesa, no entanto, um mixer portátil ou um pequeno passe-vite terão o mesmo resultado. Os mixers geralmente vêm acompanhados de uma pequena tigela para picar alimentos e são excelentes para fazer purê com quantidades pequenas de comida. Um passe-vite é um "moinho" de comida girado à mão e é ótimo para dar aos alimentos uma pressão final, portanto, é ideal para alimentos como ervilha, feijão, damasco e ameixa seca. Um liquidificador geralmente mistura líquidos e não é tão bom para purês quanto um processador. Ele terá resultados irregulares e será decepcionante. Um coador é útil para remover pedaços de casca, sementes e similares dos purês.

Nos primeiros dias do desmame, os bebês comem porções muito pequenas, assim, congelar porções individuais de comida gera menos desperdício e é muito conveniente. Coloque o purê resfriado em formas de gelo ou pequenos recipientes de plástico. Antes dos seis meses, é melhor esterilizar esses objetos, mas, depois disso, basta lavar bem com água muito quente e jogar água fervente logo antes de usá-los. Congele e, quando o purê estiver sólido, tire-o dos cubos e coloque-o em recipientes plásticos, claramente rotulados com o tipo de comida e a data. Quando quiser usá-los, tire um ou dois dos cubos congelados, coloque-os em uma pequena tigela, cubra e deixe descongelar em temperatura ambiente por aproximadamente uma hora, ou por mais tempo na geladeira. Sempre aqueça a comida descongelada por completo em uma panela ou no microondas e deixe esfriar até a temperatura necessária. Conforme o bebê cresce, você pode aumentar a quantidade servida adicionando mais cubos.

Comidas de bebês costumam esquentar rapidamente no microondas, portanto, aqueça em seções de 10 segundos, mexendo bem para evitar pontos quentes causados por um aquecimento desigual. Certifique-se de que a comida servida para o seu bebê não está muito quente. Você pode notar que a comida congelada fica um pouco seca, por isso, acrescente um pouco de água fervida para que ela não resseque. Tenha sempre muito cuidado com o arroz para bebês. Se deixado à temperatura ambiente por muitas horas, o arroz cozido pode causar intoxicação alimentar e um cozimento ou aquecimento adicional não mata a bactéria. Prepare pequenas quantidades de arroz para bebês cada vez que precisar e coloque as sobras na geladeira. Use até no máximo oito horas depois ou congele por até duas semanas.

alergias e intolerâncias

Algumas crianças são mais suscetíveis a terem uma reação desencadeada por certos alimentos. Geralmente, uma reação ruim a um alimento, que leva a sintomas adversos, mas não envolve o sistema imunológico, é chamada de intolerância. É a incapacidade do corpo de digerir algumas comidas adequadamente. A alergia a um alimento é diferente porque envolve uma reação rápida do sistema imunológico, quando os anticorpos são liberados para combater a presença do alimento "intruso". Se houver um histórico familiar de alergia, é aconselhável amamentar o bebê por pelo menos quatro meses e, se possível, mais. O desmame não deve acontecer antes dos seis meses e os alimentos devem ser introduzidos um por vez. Converse com seu médico se não conseguir amamentar. Quando amamentar, monitore sua dieta, pois os alérgenos podem ser passados pelo leite materno.

Sintomas de intolerância alimentar:
- Erupções na pele – eczema e urticárias
- Infecções de ouvido ou asma
- Barriga inchada, excesso de gases ou diarreia
- Nariz escorrendo e sintomas de gripe
- Olhos e pálpebras vermelhos e inchados
- Náusea e vômito

Sintomas de alergia a alimentos:
- Problemas de respiração graves, tosse e respiração ofegante
- Inchaço dos lábios, olhos e boca
- Aumento dos vômitos
- Bolhas dentro ou ao redor da boca
- Erupções na pele ou urticárias
- Barriga inchada e muita diarréia

Os alimentos que podem causar reações adversas incluem:
- Glúten, encontrado no trigo, no centeio, na aveia e na cevada
- Ovos, em especial os brancos
- Sementes de gergelim e produtos, como o tahine
- Nozes, em especial o amendoim
- Frutas cítricas, como laranja e limão
- Peixes e, em especial, mariscos
- Leite de vaca e produtos feitos com ele
- Soja
- Morangos
- Tomates
- Chocolates
- Aditivos artificiais, produtos químicos, conservantes ou corantes

Outros alimentos que você deve evitar dar ao seu bebê são sal, açúcar e mel. O mel pode abrigar esporos do *Clostridium botulinum*. O sistema digestivo de um adulto pode lidar com esses esporos, mas, em um bebê, eles podem crescer e produzir toxinas que colocariam a vida da criança em risco. Consulte a tabela das páginas 12 e 13 para saber a melhor idade para introduzir esses alimentos. Se você tiver alguma dúvida a respeito desse tema ou um histórico de alergias na família consulte seu médico.

dieta vegetariana para bebês

Uma dieta vegetariana pode ser perfeitamente saudável para bebês, mas você pode ter mais trabalho para garantir que seu filho não fique sem ferro e vitamina B_{12}, porque esses são os nutrientes que mais podem faltar em uma dieta vegetariana. Os primeiros estágios do desmame são iguais aos de qualquer outro bebê, mas, depois de mais ou menos sete ou oito meses, você vai precisar se certificar de que seu bebê está recebendo todos os nutrientes que a carne forneceria.

Boas fontes de proteína:
Misture feijões, como lentilhas, com arroz ou massa, laticínios e ovos.

Boas fontes de ferro:
Feijões, ovos, vegetais folhosos verdes, frutas secas, cereais para bebês fortificados. Incluir alimentos ricos em vitamina C, como frutas, junto com os alimentos ricos em ferro aumenta a absorção do ferro.

Boas fontes de zinco:
Feijões, pães integrais, gemas de ovos. Para bebês com mais de um ano que não apresentam alergias, nozes moídas ou manteigas de nozes são uma boa fonte de ferro e zinco.

Boas fontes de vitamina B_{12}:
Queijos, ovos, cereais para bebês fortificados, proteínas vegetais texturizadas.

Uma dieta vegana – que exclui laticínios e ovos, além da carne e do peixe – pode ser muito pesada para bebês pequenos, portanto, confirme com seu médico se a dieta é nutricionalmente adequada e continue a amamentar ou dar a mamadeira pelo máximo de tempo possível.

primeiros sabores *6 a 8 meses*

Não há uma idade ou um peso mágico que ajudarão a decidir quando o seu bebê estará pronto para desmamar. A Organização Mundial da Saúde costumava recomendar apenas a amamentação para os bebês com até os seis meses de idade. No entanto, recentemente, passou-se a aconselhar que os bebês não ingiram alimentos sólidos antes dos quatro meses e que uma dieta combinada seja dada aos seis meses. O momento ou a taxa de introdução de alimentos sólidos irá, mesmo assim, depender muito de cada um.

"Durante o desmame, o leite deve ser a principal fonte de alimentação e os alimentos sólidos devem ser complementares."

Algumas mães sofrem grande pressão para introduzir alimentos sólidos muito cedo. Antes de quatro a seis meses, os pequenos intestinos dos bebês têm grandes espaços entre as células para permitir que as moléculas de comida passem diretamente para o sangue. Isso permite que grandes anticorpos do leite materno entrem na corrente sanguínea, mas também significa que as proteínas de alimentos que causam alergias podem passar pelos intestinos. Em algum momento entre quatro e seis meses, os bebês começam a produzir seus próprios anticorpos e seus rins tornam-se maduros o suficiente para lidarem com resíduos de alimentos sólidos. Portanto, esse é o melhor momento para introduzir esse tipo de alimento.

Algumas das dicas de que seu bebê pode estar pronto para o desmame incluem:

- O bebê fica sentado sem problemas em uma cadeira alta e a cabeça fica sustentada
- Ele ainda tem fome depois de mamar de oito a dez vezes o leite materno ou tomar 850 g de leite de fórmula por dia e quer ser alimentado com mais frequência
- Costumava dormir a noite toda e agora costuma acordar
- Mostra ganho de peso significativo (o dobro do peso do nascimento)
- Faz movimentos de mastigação e está perdendo a tendência de empurrar comida para fora da boca com a língua
- Consegue movimentar a comida da frente para o fundo da boca
- Parece interessado nos alimentos quando você está comendo

Até este momento, o único alimento do seu bebê tem sido o leite, por isso, o primeiro alimento sólido a ser dado deve ser um intermediário que, na verdade, é um leite espesso, porque o processo de engolir deve ser aprendido lentamente. Lembre-se de que, durante o desmame, o leite ainda deve ser o alimento principal e os alimentos sólidos, um complemento. Cereal de arroz misturado ao leite é, de longe, a recomendação mais frequente como primeiro alimento do bebê porque é muito suave, não contém glúten e tem a consistência certa.

Certifique-se de que o arroz para bebês está morno e com a consistência de um creme ralo. Use uma colher para bebês rasa de plástico ou borracha e coloque apenas um quarto de colher de chá de cereal de arroz na ponta dela. Deixe que o bebê abra a boca e toque os lábios dele com a colher. Não force a colher para dentro da boca dele. Alguns bebês sentem-se mais confortáveis sugando o alimento do seu dedo, limpo. Tente duas ou três vezes e, depois, espere para tentar novamente no dia seguinte.

Nunca coloque o cereal de arroz em uma mamadeira com leite porque o bebê pode engasgar. Pelo mesmo motivo, você sempre deve alimentar seu bebê quando ele estiver em uma posição ereta. As bactérias crescem rapidamente em cereais e purês, por isso, não deixe os alimentos de lado para tentar novamente depois de algum tempo. Jogue-os fora e prepare outro no próximo dia para oferecê-lo ao bebê. É importante oferecer alimentos sólidos ao bebê na mesma hora todos os dias. Faça isso em um horário em que você não esteja com pressa e o bebê não esteja cansado ou com muita fome. No meio da manhã e na hora do almoço são bons momentos e, se você oferecer um pouco de leite antes, irá conter um possível mal-estar causado pela fome.

Quando o bebê aprender bem a engolir e começar a gostar do arroz para bebês, aumente gradualmente a consistência dele e ofereça duas vezes ao dia. Nas semanas seguintes, introduza aos poucos alguns purês de frutas e legumes, talvez os misturando a um pouco de arroz no início. Espere três dias antes de introduzir um alimento para observar se há reações alérgicas. Lembre-se de que o desmame deve ser um processo muito gradual.

O arroz para bebês é o melhor primeiro alimento para o desmame. Misturado ao leite materno ou de fórmula, parece um leite mais espesso. Legumes de raiz, como cenouras e nabos, são alimentos ideais para o desmame porque os bebês adoram o gosto doce natural deles.

arroz infantil e primeiros purês

ARROZ INFANTIL CASEIRO

Preparo: 5 minutos

Cozimento: 20 minutos

Porções: um pouco mais de ⅓ de xícara (16 porções)

2 colheres de sopa de arroz integral

⅔ de xícara de água

4 a 6 colheres de sopa de leite materno ou de fórmula e mais um pouco para misturar

PURÊ DE CENOURA

Preparo: 3 minutos

Cozimento: 10 minutos

Porções: 1 a 6

1 cenoura média, de cerca de 100 g

PURÊ DE BATATA E NABO

Preparo: 5 minutes

Cozimento: 15–20 minutes

Porções: 1–6

55 g de batata ou batata doce

55 g de nabo

20   6 a 8 meses

ARROZ INFANTIL CASEIRO

Triture o arroz até obter um pó fino em um triturador elétrico. Misture-o à água em uma panela pequena. Deixe ferver e cozinhe em fogo baixo por dez minutos, mexendo constantemente. Nessa etapa o arroz terá ficado consideravelmente mais espesso. Acrescente quatro colheres de sopa de leite materno ou de fórmula e continue a cozinhar, sem parar de mexer, por mais dez minutos. Acrescente mais leite se a mistura ficar muito espessa.

Tire do fogo e use um mixer portátil para transformar o arroz em um purê liso e cremoso. Resfrie a mistura. Antes de oferecer ao bebê, acrescente leite para deixar o creme menos espesso e atingir a consistência desejada. A temperatura deve ser morna.

PURÊ DE CENOURA

Descasque a cenoura. Corte-a em cubos de 3 mm. Cozinhe em uma panela de cozimento a vapor de metal ou em água fervente sem sal (suficiente para cobrir os cubos) por cerca de dez minutos ou até ficarem macios. Escorra e guarde a água usada no cozimento.

Faça um purê usando um mixer portátil. Acrescente duas ou três colheres de sopa da água quente do cozimento ou de leite materno ou de fórmula e misture até obter uma consistência rala e levemente cremosa. Passe por um coador com furos pequenos ou um passe-vite, usando a lâmina mais fina. Sirva morno.

Guarde no refrigerador por 24 horas ou congele por até quatro semanas.

PURÊ DE BATATA E NABO

Descasque os legumes, corte-os em cubos e coloque-os em uma pequena panela com água sem sal suficiente para cobri-los. Deixe começar a ferver, tampe e cozinhe em fogo baixo por dez a 15 minutos, ou até ficarem bem macios. Escorra e guarde a água usada no cozimento.

Para transformá-los em purê, passe-os por um coador ou um passe-vite, usando a lâmina mais fina, e acrescente a água do cozimento ou o leite que o bebê costuma tomar em quantidade suficiente para obter uma consistência macia e cremosa. Sirva morno.

Guarde no refrigerador por 24 horas ou congele por até quatro semanas.

O brócolis contém vitaminas K (boa para o sangue e para os ossos), B e C e faz parte da liga dos "superalimentos". Ofereça este purê junto com outros, como o purê de batata doce, para criar uma mistura saborosa.

purê de couve-flor e brócolis

Preparo: 5 minutos

Cozimento: 10 minutos

Porções: 1 a 6

3 buquês pequenos de brócolis sem os talos duros

3 buquês pequenos de couve-flor sem os talos duros

Pique o brócolis e a couve-flor. Coloque-os em uma panela de cozimento a vapor de metal e cozinhe por sete a dez minutos, até que fiquem macios. Faça um purê com um mixer portátil até deixá-los sem pelotas. Outra alternativa é passar os legumes por um coador ou um passe-vite, usando a lâmina mais fina. Acrescente o leite que o bebê costuma tomar para deixar o purê macio e cremoso. Sirva morno.

Guarde no refrigerador por 24 horas ou congele por até quatro semanas.

Você pode usar ervilhas congeladas para este purê, basta colocá-las na panela nos últimos três ou quatro minutos de cozimento. Para obter o melhor resultado, cozinhe os legumes no vapor em uma panela de cozimento a vapor de metal.

purê de ervilha, vagem e abobrinha

Corte as vagens em pedaços de 2,5 cm e pique a abobrinha sem necessidade de precisão. Coloque-as em uma panela com as ervilhas e cubra com água fervente. Cozinhe em fogo baixo por dez minutos ou até ficarem macias. Escorra e guarde a água do cozimento. Faça um purê usando um mixer portátil. Use a água do cozimento para afiná-lo e passe-o por um coador para remover fiapos ou cascas de ervilha. Sirva morno.

Guarde no refrigerador por 24 horas ou congele por até quatro semanas.

Preparo: 5 minutos

Cozimento: 10 minutos

Porções: 1 a 6

25 g de vagem macia, colhida antes do amadurecimento completo

25 g de abobrinha

¼ de xícara de ervilha fresca ou congelada

Misturar legumes com sabores mais fortes, como o espinafre, a outros com sabores mais suaves, como a batata, a batata doce ou a abóbora é uma boa maneira de introduzi-los aos poucos para o seu bebê. Escolha maçãs e peras maduras e doces ou o purê de frutas ficará muito azedo.

purês e cereais de aveia

PURÊ DE ABÓBORA E ESPINAFRE

Preparo: 5 minutos

Cozimento: 20 minutos

Porções: 1 a 6

100 g de abóbora manteiga descascada e sem sementes

25 g de folhas de espinafre bebê lavadas

CEREAL DE AVEIA

Preparo: 3 minutos

Cozimento: 5 minutos

Porções: 1 a 4

Um pouco mais de ¼ de xícara de aveia em flocos

¾ (generosos) de xícara de água

PURÊ DE MAÇÃ E PERA

Preparo: 5 minutos

Cozimento: 10 minutos

Porções: 1 a 6

1 maçã descascada, sem caroço e cortada em cubos

1 pera descascada, sem caroço e cortada em cubos

3 colheres de sopa de água

PURÊ DE ABÓBORA E ESPINAFRE

Corte a abóbora manteiga em pequenos cubos. Coloque-a em uma panela e acrescente água suficiente para cobri-la. Deixe começar a ferver, tampe e cozinhe em fogo baixo por 15 minutos. Acrescente o espinafre e cozinhe por mais cinco minutos. Escorra e guarde a água do cozimento. Faça um purê com a mistura usando um mixer portátil. Acrescente um pouco da água do cozimento ou do leite que o bebê costuma tomar para deixá-lo menos espesso. Sirva morno.

Guarde no refrigerador por 24 horas ou congele por até quatro semanas.

CEREAL DE AVEIA

Processe a aveia até obter um pó fino em um moedor elétrico. Coloque a água em uma pequena panela e acrescente a aveia moída, misturando bem. Deixe ferver e, depois, cozinhe em fogo baixo, mexendo por três a cinco minutos. Resfrie. Acrescente leite materno ou de

fórmula para afinar a mistura. Acrescente mais leite, se for necessário, pois o cereal engrossa quando esfria. Sirva morno.

Sirva no mesmo dia ou congele por até duas semanas.

PURÊ DE MAÇÃ E PERA

Coloque todos os ingredientes em uma panela pequena e deixe ferver. Tampe e cozinhe em fogo baixo por sete a dez minutos, ou até que os alimentos fiquem muito macios. Verifique regularmente se as furtas não grudaram no fundo da panela.

Misture com um mixer portátil ou passe por um coador. Deixe-o menos espesso com um pouco de água fervida. Sirva morno.

Guarde no refrigerador por 24 horas ou congele por até quatro semanas.

6 a 8 meses

A ameixa seca pode ter um efeito laxante, por isso, nas primeiras vezes que a servir, você pode misturar este purê com um pouco de cereal de aveia. Frutas secas, como damasco e ameixa, têm um gosto doce natural que os bebês adoram.

purê de damasco e ameixa seca

Preparo: 12 horas de imersão
Cozimento: 10 minutos
Porções: 1 a 3

6 damascos secos, deixados de molho de um dia para o outro
2 a 3 ameixas secas sem caroço, deixadas de molho de um dia para o outro
2 a 3 colheres de sopa de água

OBSERVAÇÃO

Pode ser melhor usar damascos secos orgânicos e preparados sem enxofre. O dióxido de enxofre é usado para manter a cor laranja viva e pode, ocasionalmente, desencadear asma ou alergias latentes.

Jogue fora a água usada para deixar os damascos e as ameixas de molho e cozinhe-os com água fervente suficiente para cobri-los por dez minutos ou até ficarem muito macios.

Escorra. Passe a mistura por um coador para remover as cascas. Misture com água fervida até obter uma consistência cremosa e lisa. Sirva morno.

Guarde no refrigerador por 24 horas ou congele por até quatro semanas.

6 a 8 meses

Os alimentos cozidos são mais fáceis para o bebê digerir, porém, depois de cerca de quatro semanas de desmame, você pode começar a introduzir alguns purês não cozidos. A banana é uma das favoritas entre as crianças, mas o melão e o abacate também são deliciosos.

purês sem cozimento

PURÊ DE BANANA

Descasque e amasse meia banana pequena madura com um garfo e misture-a rapidamente com um mixer portátil. Não coe a banana, o resultado não é bom. Misture o purê com um pouco de leite materno ou leite de fórmula se desejar. Sirva imediatamente.

Não coloque no refrigerador nem congele.

PURÊ DE ABACATE

Descasque e remova o caroço. Amasse ou transforme em purê um quarto do abacate. Misture com um pouco de leite materno ou de fórmula para deixá-lo menos espesso, se desejar. Sirva imediatamente.

Não coloque no refrigerador nem congele.

PURÊ DE MELÃO

Corte uma pequena fatia de melão, tire as sementes e remova a casca. Corte o estante em pedaços e coe ou faça um purê. Sirva imediatamente ou guarde no refrigerador até o momento necessário, mas sirva no mesmo dia.

Não congele.

Preparo: 5 minutos

Porções: 1 a 3

PURÊ DE BANANA

½ banana madura

PURÊ DE ABACATE

¼ de abacate maduro

PURÊ DE MELÃO

Uma pequena fatia de melão

estabelecendo alimentos sólidos
8 a 10 meses

Quando seu bebê já estiver apreciando os primeiros sabores, você pode gradualmente começar a introduzir uma gama mais variada de alimentos e aumentar o número de refeições por dia, de uma para duas e, depois, para três. Alguns bebês passam rapidamente dos purês para as comidas com mais pedaços e estão prontos aos sete meses, enquanto outros demoram um pouco mais. Quando seu bebê estiver comendo três refeições por dia, os alimentos sólidos podem passar a ser servidos primeiramente e o leite, depois.

"Agora é um bom momento para compartilhar as refeições com o seu bebê."

Os primeiros alimentos "com pedaços" não devem conter pedaços com mais de 3 mm. Eles devem ser macios o suficiente para serem esmagados entre a língua e o céu da boca e engolidos sem mastigar. Texturas diferentes, alimentos inicialmente moídos e posteriormente cortados, podem ser servidas conforme o bebê começa a mastigar. Assim como nos primeiros sabores, introduza os alimentos um por vez com um intervalo de pelo menos três dias, para verificar se o bebê tem alguma reação alérgica a eles. Alguns bebês começam a colocar comidas na boca independentemente de você e esse comportamento deve ser incentivado porque eles podem recusar alimentos servidos com uma colher e preferir se alimentar sozinhos. É um bom momento para começar a dar alguns alimentos que podem ser comidos com as mãos e têm o tamanho de uma única mordida, assim, o bebê pode experimentar as habilidades recém-descobertas de pegar, morder e mastigar. Mesmo quando eles ainda não têm dentes é impressionante a eficiência de suas gengivas. Bons alimentos para serem comidos com as mãos no início incluem filetes de legumes cozidos ou de frutas cruas, descascadas e sem sementes; pão levemente tostado e bolos de arroz.

Sinais de que o bebê está pronto para alimentos que são comidos com as mãos:
- Engole a comida com muito mais facilidade
- Não empurra mais a comida para fora da boca com a língua
- Tenta usar a colher
- Usa o polegar e o indicador para pegar comida

Conforme o bebê fica mais interessado em comida e em se alimentar sem a sua ajuda, você precisar ter atenção com alimentos que podem engasgá-lo. Legumes e frutas devem ser macios; carne vermelha e de aves deve ser transformada em purê ou moída. Evite uvas passas, pipoca, pedaços de pão (a menos que sejam muito pequenos), uvas, batatas fritas e doces e lembre-se de que, sempre que a criança está comendo, ela deve ser bem supervisionada. Você pode começar a dar ao seu bebê os alimentos comidos pela família transformados em purê ou amassados, desde que não tenham sal, muita gordura, temperos muito fortes ou açúcar e que não tenham probabilidade de causar uma reação alérgica. É bom acostumar o bebê aos alimentos que você prepara e o lado social das refeições é muito importante para o desenvolvimento dos bebês, por isso, eles devem participar o máximo possível.

Alimentos industriais para bebês são úteis para complementar os alimentos familiares e preparados de forma caseira, principalmente quando você está longe de casa ou quando tem pouco tempo em casa e seu bebê está com muita fome. No entanto, não devem substituir os alimentos frescos. Se possível, escolha comidas orgânicas para bebês e certifique-se de que elas não contêm adição de açúcar, sal, aditivos artificiais, espessantes ou agentes preenchedores.

Conforme mais alimentos são apresentados, os bebês irão, é claro, começar a exercer sua independência e recusar tanto novos alimentos quanto alimentos de que gostavam antes. Às vezes, se você está com pressa ou gastou muito tempo preparando uma comida, é difícil não se irritar nessa fase. No entanto, forçar seu bebê a comer irá apenas levar a brigas e frustrações. Se o bebê recusar alguma comida, afaste-a dele com calma e ofereça novamente em outro momento. Não ofereça um doce como substituto por achar que o bebê está com fome, os bebês sempre comem quando estão com fome. Nosso apetite varia de um dia para o outro e o mesmo acontece com os bebês. A única maneira que eles têm de comunicar isso a você é recusando-se a comer e, assim, mandando a mensagem: "não estou com fome hoje". Se você usar a comida como uma recompensa ou uma punição, irá criar um problema para mais tarde. Deixe que as refeições sejam momentos de se divertir e comer, e nada mais.

É útil ter alguns molhos à mão para misturar com carnes e vegetais amassados ou transformados em purê que possam ter sobrado das refeições da família. Dessa maneira, seu bebê se acostuma ao gosto da comida preparada por você e não às comidas industriais para bebês.

um trio de molhos

MOLHO DE TOMATE

Preparo: 5 minutos
Cozimento: 15 minutos
Porções: 1 xícara e ¾

1 colher de sopa de azeite
½ cebola pequena, bem picada
400 g de tomate picado enlatado com seu suco
1 colher de sopa de extrato de tomate concentrado
1 colher de chá de orégano seco
Pimenta

MOLHO DE QUEIJO

Preparo: 5 minutos
Cozimento: 5 minutos
Porções: 1 xícara e ¼

2 colheres de sopa de manteiga sem sal
1 colher de sopa de maisena
1 xícara e ¼ de leite
85 g de queijo cheddar ralado
½ colher de sopa de mostrada Dijon

MOLHO DE LEGUMES

Preparo: 10 minutos
Cozimento: 30 minutos
Porções: 1 xícara e ¾

1 colher de sopa de óleo vegetal
1 cebola pequena, bem picada
1 cenoura pequena, bem picada
½ pimentão vermelho, sem sementes e picado
1 abobrinha pequena, picada
⅓ (generoso) de xícara de caldo de legumes
Um pouco mais de ¾ de xícara de tomates coados
2 a 3 folhas de manjericão fresco, picadas

MOLHO DE TOMATE

Aqueça o óleo em uma panela e cozinhe a cebola em fogo baixo por cerca de cinco minutos, até ficar macia, mas não escura. Acrescente os tomates picados e seu suco, o extrato de tomate concentrado, o orégano seco e um pouco de pimenta. Cozinhe em fogo baixo por cinco a dez minutos, até que o molho fique um pouco espesso. Transforme-o em purê até obter a consistência desejada usando um mixer portátil. Para servir ao bebê como um dos primeiros sabores, misture até ficar sem pedaços.

MOLHO DE QUEIJO

Coloque a manteiga, a maisena e o leite em uma panela. Aqueça em fogo baixo e deixe ferver, mexendo constantemente. Quando o molho engrossar, acrescente o queijo e a mostarda. Mexa até o queijo derreter. Tire do fogo.

MOLHO DE LEGUMES

Aqueça o óleo em uma panela e cozinhe a cebola e a cenoura por cinco minutos. Acrescente a pimenta e a abobrinha e cozinhe por um ou dois minutos. Adicione o caldo, tampe e cozinhe por 15 minutos. Acrescente os tomates coados e o manjericão e cozinhe até o molho diminuir e engrossar. Transforme em purê até obter a consistência desejada.

O arroz é perfeito para bebês porque proporciona bem-estar e é fácil de comer. Nesta receita, são usados alho-poró, abobrinha e ervilha, mas você pode experimentar outros ingredientes. Cenouras, vagens, favas, pimentões vermelhos, cebolas ou abóboras podem ser acrescentadas a este risoto.

risoto de legumes

Preparo: 10 minutos
Cozimento: 40 minutos
Porções: 4 a 6

1 alho-poró pequeno, descascado e bem picado

1 abobrinha pequena, bem picada

Um pequeno punhado de ervilhas congeladas

Um pedaço pequeno de manteiga sem sal

1 colher de chá de azeite

Um pouco mais de ⅓ de xícara de arroz para risoto

1 xícara e ½ de caldo de legumes ou galinha quente, sem sal ou caseiro

½ colher de chá de orégano seco

2 colheres de sopa de parmesão recém-ralado

Cozinhe no vapor o alho-poró e a abobrinha por dois minutos e, depois, acrescente as ervilhas e cozinhe por três minutos. Derreta a manteiga com o azeite em uma frigideira com fundo largo. Acrescente o arroz e cozinhe, mexendo, por dois ou três minutos ou até que os grãos estejam bem cobertos pela manteiga e o óleo e estejam translúcidos.

Acrescente o caldo uma concha por vez e espere-o ser absorvido antes de colocar mais. Cozinhe em fogo médio-baixo por 20 minutos, mexendo constantemente. Acrescente o orégano, o queijo parmesão e os legumes e cozinhe em fogo baixo, mexendo por cinco a dez minutos, ou até que todo o líquido tenha sido absorvido e o arroz esteja macio. Transforme o risoto em purê, amasse-o ou deixe-o como estiver, dependendo da idade do seu bebê, e acrescente caldo ou água se estiver muito espesso.

Você pode acrescentar um pouco de carne de frango ou cordeiro cozida e moída a este prato se desejar. A quinoa, um grão rico em proteínas, está disponível em lojas de alimentos naturais ou supermercados, mas pode ser substituída por arroz longo.

quinoa com legumes

Preparo: 10 minutos
Cozimento: 30 minutos
Porções: 1 a 3

2 colheres de chá de óleo vegetal

2 colheres de chá de cebola bem picada

¼ de pimentão vermelho, sem sementes e bem picado

¼ de pimentão laranja, sem sementes e bem picado

55 g de abobrinha bem picada

2 colheres de sopa de quinoa lavada

½ colher de chá de extrato de tomate concentrado

⅔ de xícara de caldo de legumes sem sal

½ tomate descascado, sem sementes e cortado

¼ de colher de chá de orégano seco ou manjerona

Aqueça o óleo em uma panela. Adicione a cebola e cozinhe por um ou dois minutos, até que fique macia. Acrescente os pimentões e a abobrinha e cozinhe por dois ou três minutos. Adicione a quinoa, o extrato de tomate concentrado e o caldo enquanto mexe os ingredientes. Deixe ferver, tampe e cozinhe em fogo bem baixo por 15 a 20 minutos, até que os grãos de quinoa fiquem macios. Acrescente o tomate cortado e as ervas e cozinhe, sem tampar, por dois ou três minutos.

Transforme em purê, amasse ou sirva como estiver. Acrescente caldo quente para diminuir a espessura se desejar. Sirva no mesmo dia.

Congele por até quatro semanas.

8 a 10 meses

Este prato nutritivo é um dos favoritos na Itália para o desmame. Quando seu filho for mais velho ou estiver pronto para pratos mais substanciais, formas de macarrão um pouco maiores podem ser usadas.

macarrão com abóbora manteiga

Preparo: 5 minutos

Cozimento: 15–20 minutos

Porções: 4 a 6

175 g de abóbora manteiga descascada, sem sementes e picada

1 xícara de macarrão para bebês ou para sopa

Um pedaço pequeno de manteiga sem sal

1 colher de chá de azeite

2 colheres de sopa de queijo parmesão recém-ralado

Cozinhe a abóbora manteiga no vapor por 10 a 15 minutos, ou até ficar macia, e transforme-a em purê ou amasse-a com um garfo.

Enquanto isso, cozinhe o macarrão em uma panela com água fervente de acordo com as instruções do pacote e, depois, escorra bem e coloque-o de volta na panela. Acrescente a manteiga, o azeite e o parmesão e mexa até que o macarrão fique bem misturado aos ingredientes. Depois, junte a abóbora manteiga.

Para bebês mais velhos, você pode deixar de processar a carne de cordeiro para que o prato tenha alguns pedaços. Se preferir, pode substituir o cuscuz por arroz longo cozido.

cordeiro com damascos

Preparo: 5 minutos

Cozimento: 25 minutos

Porções: 1 a 3

1 colher de chá de óleo vegetal

55 g de cordeiro magro moído

2 colheres de chá de cebola bem picada

55 g de batata descascada e cortada em cubos

55 g de cenoura cortada em cubos

1 a 2 damascos secos carnudos picados

⅔ de xícara de caldo de legumes sem sal

1 colher de chá de extrato de tomate concentrado

2 colheres de sopa de cuscuz

⅓ (generoso) de xícara de água fervente

Aqueça o óleo em uma panela. Acrescente o cordeiro e a cebola e cozinhe por dois ou três minutos, até que escureçam um pouco. Adicione a batata, a cenoura, os damascos, o caldo e o extrato de tomate concentrado. Tampe e cozinhe em fogo bem baixo por 10 a 15 minutos. Usando um processador de alimentos ou um mixer portátil, misture até obter a consistência desejada.

Coloque o cuscuz em uma tigela e derrame a água fervente. Deixe descansar por cinco minutos e, depois, misture os grãos com um garfo. Coloque o cuscuz na mistura de carne de cordeiro enquanto mexe e sirva morno. Sirva no mesmo dia.

Congele a mistura com carne de cordeiro, sem o cuscuz, por até quatro semanas.

8 a 10 meses 35

Você precisará amassar ou transformar em purê este prato para bebês que não sabem comer pedaços de alimentos, mas, com cerca de 10 meses, a maioria consegue mastigar pequenos pedaços de frango em cubos. Ameixas secas picadas e deixadas de molho também vão bem nesta receita.

frango com alho-poró, cogumelo e maçã

Preparo: 10 minutos
Cozimento: 25 minutos
Porções: 1 a 3

2 colheres de chá de azeite

25 g de alho-poró bem picado

55 g de peito de frango cortado em cubos pequenos

25 g de cogumelos brancos bem picados

25 g de batata ou batata doce descascada e picada

¼ de maçã pequena, descascada, sem caroço e picada

⅔ de xícara de caldo de frango sem sal

Aqueça o azeite em uma panela pequena e cozinhe o alho-poró e o frango em fogo baixo por oito a dez minutos, até que o alho-poró esteja macio e o frango esteja cozido, mas não escuro. Acrescente os cogumelos, a batata e a maçã. Adicione o caldo, tampe e cozinhe em fogo baixo por cerca de 15 minutos, até que os legumes fiquem macios.

Transforme em purê, amasse ou sirva como estiver, dependendo da idade do seu bebê.

Guarde no refrigerador por até 24 horas ou congele por até quatro semanas.

8 a 10 meses

Você pode variar este prato acrescentando cenoura, abobrinha, pimentão vermelho ou cebola, cozidos e picados, em vez das ervilhas ou com elas. A farinha de rosca fresca pode ser feita com um pão velho (feito há dois dias) e um ralador ou processador de alimentos.

macarrão com queijo

Preparo: 5 minutos

Cozimento: 25 minutos

Porções: 1 a 3

- 55 g de macarrão integral
- 4 colheres de sopa de ervilhas congeladas
- ½ porção do molho de queijo
- 1 colher de sopa de farinha de rosca caseira, fresca
- 1 colher de sopa de queijo parmesão recém-ralado
- 2 tomates cereja picados

Pré-aqueça o forno em 180°C. Cozinhe o macarrão e as ervilhas de acordo com as instruções do pacote em pequenas panelas separadas. Escorra. Misture-os e coloque-os em uma pequena assadeira. Derrame o molho e mexa uma vez para misturar. Misture a farinha de rosca com o queijo parmesão e polvilhe-os sobre os ingredientes na assadeira. Arrume os tomates por cima de tudo. Cozinhe por 10 minutos. Amasse ou transforme em purê se desejar. Sirva no mesmo dia.

Congele por até quatro semanas.

38   8 a 10 meses

Os bebês podem não gostar da textura das ameixas, assim, misturá-las com maçãs e iogurtes pode deixá-las mais agradáveis para as crianças pequenas. Você pode variar esta receita usando damascos maduros sem sementes com a maçã, em vez da ameixa.

iogurte de maçã e ameixa

Coloque a maçã e as ameixas em uma panela com água. Deixe ferver e, depois, diminua o fogo e cozinhe em fogo baixo, com tampa, por cinco minutos ou até as frutas ficarem macias. Retire a casca das ameixas e faça um purê com as frutas em um liquidificador ou passe-as por um coador até obter uma consistência lisa.

Misture as frutas e o iogurte e polvilhe o biscoito esmigalhado, se desejar, antes de servir.

Preparo: 5 minutos
Cozimento: 10 minutos
Porções: 2

1 maçã pequena, descascada, sem caroço e picada
2 ameixas maduras, sem sementes
2 colheres de sopa de água
4 a 6 colheres de sopa de iogurte natural
1 biscoito simples esmigalhado (opcional)

8 a 10 meses

incentivando seu filho a comer sozinho *10 a 12 meses*

Conforme seu bebê chega aos dez meses de idade, você verá que as opções de refeições aumentam. Bebês com essa idade conseguem lidar com novos sabores e texturas e o interesse deles em se alimentarem sozinhos pode ser incentivado oferecendo uma ampla variedade de saborosos alimentos para serem comidos com as mãos e permitindo que eles experimentem usar a colher.

"As refeições devem ser calmas e alegres."

Com cerca de nove ou dez meses de idade, os bebês começam a se interessar mais por se alimentarem sozinhos e querem segurar a colher e até mergulhá-la na comida e espalhar os alimentos. Depois de muito tempo de prática desajeitada, eles eventualmente começarão a usar a colher e também as mãos. Lembre-se, quanto mais eles praticarem, mas rapidamente aprenderão como fazer.

Os bebês se desenvolvem dia a dia numa rapidez incrível. Eles podem ser muito ativos e, embora suas necessidades de energia e proteínas sejam altas em relação ao seu tamanho, o apetite deles pode ser pequeno. Portanto, três refeições por dia mais o leite e pequenos lanches saudáveis – evite aqueles carregados de açúcar e sal – podem fazer toda a diferença. Evite dar lanches muito perto do horário das refeições; tente espaçá-los regularmente ao longo do dia.

Você pode começar a introduzir aos poucos sabores mais fortes, mas o faça de maneira gradual e observe se surgem reações alérgicas. O termo "dieta balanceada" ainda pode provocar medo em muitos de nós, mas desde que seu bebê coma uma boa mistura de alimentos, inclusive pães e cereais, carnes magras, carnes de aves, laticínios, feijões e lentilhas e muitas frutas e legumes, ele estará ingerindo uma variedade de nutrientes.

À medida que comem mais alimentos sólidos, os bebês precisam de menos leite. Embora o leite ainda seja importante, muito do cálcio pode passar a vir de laticínios feitos com leite integral, como o queijo, o iogurte, sobremesas com leite e molhos, assim como de legumes, por exemplo, o brócolis.

Se você ainda não começou, este é um bom momento para que seu bebê aprenda a beber em canecas. O objetivo é fazer a passagem da mamadeira ou da amamentação materna para a caneca por volta do primeiro aniversário. Isso evitará a deterioração dos dentes e problemas de dentes espaçados. A melhor escolha é uma caneca com duas asas e sem tampa. Seja paciente se ele derramar os líquidos. Se isso for um problema, escolha uma caneca com tampa que permita que líquido flua sem que o bebê precise sugar. Ofereça água o dia inteiro. Os sucos de frutas não devem ser adoçados e devem ser diluídos: uma parte de suco para 10 partes de água.

Para garantir que seu bebê se torne uma criança que gosta de alimentos saudáveis, tenha vontade de experimentar novidades e não cause problemas na hora de comer, o horário das refeições deve ser uma ocasião calma e alegre a ser aproveitada. Ofereça alimentos de que você gosta para o bebê experimentar. Não ofereça montanhas de comida, o que pode deixá-lo desconcertado. É melhor que seu bebê coma um pouco de tudo do que absolutamente nada. Faça porções pequenas e é provável que seu filho peça mais.

O bebê pode rejeitar alguns alimentos, mas é fundamental não chamar muita atenção para isso. Não é provável que seu bebê goste de tudo que apresentem a ele e a dentição e o bem-estar geral dele podem influenciar os gostos quase sempre. Utilize canecas e tigelas em cores vivas e sente-se à mesa. Não incentive o costume de comer enquanto se movimenta. Isso não apenas incentiva maus hábitos, como sempre existe o risco de engasgar. Encoraje o compartilhamento das refeições com amigos. Dê bastante tempo para a criança, mas não a deixe sentada em frente à comida por muito tempo se ela não estiver com fome de verdade. Deixe-a sair da mesa e verá que ela irá compensar na próxima vez.

Preste muita atenção nos bebês quando eles começarem a se alimentar sozinhos porque eles às vezes se esquecem de engolir a comida e tendem a guardá-la nas bochechas. Deixe a comida divertida escolhendo cores e texturas diferentes.

palitos de pão com molhos

PALITOS DE PÃO SEM SAL

Preparo: 15 minutos

Cozimento: 10 minutos

Porções: cerca de 60 pequenos palitos de pão

¾ de xícara de farinha branca para pães

¾ de xícara de farinha integral para pães

Sachê de 7 g de levedura seca ativa (mais ou menos uma colher de chá rasa)

1 colher de sopa de azeite

Cerca de ¾ de xícara de água morna (misture ⅓ de água fervida com ⅔ de água fria)

PALITOS DE PÃO SEM SAL

Pré-aqueça o forno a 220°C. Coloque as farinhas e a levedura em uma tigela e acrescente o azeite e água suficiente para misturar esses ingredientes até obter uma massa macia, mas não grudenta. Amasse por cerca de cinco minutos, até que fique lisa e elástica. Divida a massa em quatro pedaços. Enrole cada pedaço no formato de uma salsicha longa e bem fina e corte em palitos de cerca de 7 cm de comprimento. Coloque-os em uma assadeira antiaderente e asse por sete a dez minutos, até que fiquem dourados e crocantes. Sirva com os molhos.

Guarde por até duas semanas em um recipiente hermeticamente fechado.

HOMUS

Vale a pena fazer o seu próprio homus para bebês porque as versões prontas podem ser salgadas e conter tahine, uma pasta a base de semente de gergelim, que pode às vezes provocar reações alérgicas e deve ser oferecida ao seu filho quando ele for mais velho. Coloque todos os ingredientes em um processador de alimentos e misture até ficar uma pasta lisa. Acrescente mais um pouco de suco de limão ou iogurte para dar sabor, se desejar.

Guarde por até três dias no refrigerador.

10 a 12 meses

MOLHO DE ABACATE

Amasse o abacate com um garfo e misture com o suco de limão e o iogurte.

Guarde por até dois dias no refrigerador.

MOLHO DE BETERRABA

Corte a beterraba em cubos bem pequenos e cozinhe-os com um pouco de água fervente por 12 a 15 minutos, até ficar macia. Resfrie. Descasque e rale a maçã. Coloque a beterraba, a maçã, o suco de limão e o creme azedo em uma tigela e processe a mistura até que fique lisa usando um mixer portátil.

Guarde por até dois dias no refrigerador.

HOMUS

400 g de grão de bico em lata, sem açúcar, sem sal, seco e lavado

1 dente de alho

1 colher de sopa de azeite

Um pouco de suco de limão ou lima feito na hora

1 colher de sopa de iogurte natural

MOLHO DE ABACATE

½ abacate maduro

1 colher de chá de suco de limão

2 a 3 colheres de chá de iogurte natural

MOLHO DE BETERRABA

1 beterraba pequena, fresca e descascada

½ maçã pequena

Um pouco de suco de limão

1 colher de sopa de creme azedo ou iogurte natural

Estas tortinhas são populares no Oriente Médio, onde são compradas na rua. Para crianças mais velhas, recheie um pão sírio pela metade com alface, pepino, tomate e queijo feta picados e coloque, por cima, o falafel quente e homus.

falafel com salada de cenoura

Preparo: 15 minutos
Cozimento: 5 minutos
Porções: 8 a 10 falaféis

400 g de grão de bico em lata, sem açúcar, sem sal, lavado e escorrido
¼ de cebola pequena
1 colher de chá de coentro moído
1 colher de chá de cominho moído
1 colher de sopa de salsa fresca, picada
1 colher de sopa de coentro fresco, picado
2 colheres de sopa de farinha de trigo integral e mais um pouco para polvilhar
Óleo de girassol para cozinhar

PARA SERVIR:
1 cenoura média, ralada
½ maçã descascada e ralada
2 colheres de sopa de uvas passas picadas
1 colher de chá de suco de limão
1 colher de chá de hortelã fresca picada
2 a 3 colheres de chá de iogurte grego
Tiras de pão sírio

Coloque o grão de bico, a cebola, os temperos, as ervas e a farinha em um processador de alimentos e misture até obter uma consistência lisa. Coloque um pouco de farinha nas mãos e dê forma de tortinhas à massa.

Aqueça um pouco de óleo de girassol em uma frigideira e, quando estiver quente, cozinhe o falafel por dois ou três minutos de cada lado, virando somente uma vez durante o processo. Seque o falafel sobre pedaços de papel toalha.

Misture a cenoura, a maçã, as uvas passas, o suco de limão e a hortelã. Sirva o falafel com um pouco dessa salada, uma colher de iogurte e duas ou três tiras de pão sírio.

Faça as almôndegas pequenas o suficiente para que o seu bebê consiga pegá-las e comê-las com as mãos. Você pode usar outras carnes, como cordeiro, frango ou peru. Você também pode servi-las com um molho de legumes e macarrão talharim ou macarrões de formas pequenas.

minialmôndegas de carne e espaguete

Preparo: 10 minutos
Cozimento: 5 minutos
Porções: 8 a 10 bolinhos de carne

55 g de bife magro moído
1 colher de chá de cebola bem picada
2 colheres de chá de manjericão fresco, picado
1 colher de sopa de farinha de rosca integral, caseira e fresca
1 colher de chá de azeite
¼ da porção do molho de tomate
55 g de espaguete quebrado em pedaços pequenos
Salsa fresca bem picada (opcional)

Para fazer as almôndegas, coloque a carne moída, a cebola, o manjericão e a farinha de rosca em uma tigela pequena e processe a mistura usando um mixer portátil. Divida a mistura e faça bolinhas iguais, do tamanho de uma mordida.

Aqueça o óleo em uma panela e cozinhe as almôndegas, virando-as constantemente, por dois ou três minutos, até que fiquem levemente escurecidas. Derrame o molho, tampe e cozinhe em fogo baixo por cerca de dez minutos.

Cozinhe o espaguete em uma panela separada de acordo com as instruções do pacote. Escorra. Sirva o espaguete com as almôndegas e o molho por cima. Salpique a salsa se desejar.

Esta sopa agradável e cheia de pedacinhos é recheada de legumes e servida com palitos de queijo crocantes que os bebês podem mergulhar nela. Experimente cortar a massa de queijo no formato de letras ou animais se tiver formas para biscoitos.

sopa minestrone

Preparo: 15 minutos
Cozimento: 15 minutos
Porções: 2 a 4

1 colher de sopa de óleo de girassol
2 colheres de sopa de cebola picada
1 dente de alho picado
½ colher de chá de tempero italiano de ervas
25 g de cenoura picada
2 colheres de chá de aipo bem picado
25 g de batata descascada e picada
1 xícara e ¼ de caldo de legumes ou de frango sem sal
Um pouco mais de ⅓ de xícara de tomate coado
1 colher de chá de extrato de tomate concentrado
25 g de aletria seca, quebrada em pequenos pedaços
1 colher de sopa de ervilhas congeladas
10 folhas de espinafre bebê lavadas

PALITOS DE MASSA DE QUEIJO
Porções: 20 a 24 palitos

Um pouco mais de ⅓ de xícara de farinha de trigo tipo 1 e mais um pouco para polvilhar
Um pouco mais de ⅓ de xícara de farinha de trigo integral
4 colheres de sopa de manteiga sem sal
½ xícara de queijo cheddar ralado
1 ovo batido

Para preparar a sopa, aqueça o óleo em uma pequena panela. Acrescente a cebola e cozinhe por alguns minutos, até que ela fique macia, mas não escura. Adicione o alho, o tempero de ervas, a cenoura, o aipo e a batata e cozinhe por um ou dois minutos. Enquanto mexe, acrescente o caldo, o tomate coado e o extrato de tomate concentrado. Deixe ferver, adicione a massa e as ervilhas e, depois, cozinhe em fogo baixo por cerca de 10 minutos, até que os legumes fiquem macios. Enquanto mexe, acrescente as folhas de espinafre, retire do fogo e deixe esfriar um pouco antes de servir.

Para fazer os palitos de massa de queijo, pré-aqueça o forno a 200°C. Coloque as farinhas em uma tigela. Acrescente a manteiga e misture com as mãos. Acrescente o queijo; adicione o ovo e misture até obter uma massa macia. Abra a massa sobre uma tábua salpicada com um pouco de farinha e corte palitos de 7 x 1 cm. Coloque os palitos em uma assadeira antiaderente e leve ao forno por cinco a dez minutos, dependendo do tamanho. Deixe esfriar.

Guarde os palitos de queijo por dois ou três dias em um recipiente ou congele por até quatro semanas.

Sobras de frango assado são ideais para este prato. Para preparar uma versão vegetariana, substitua o frango por queijo muçarela. Disfarçar os legumes transformando-os em molhos é uma boa maneira de conseguir que os bebês apreciem sabores diferentes.

macarrão com molho de pimentão vermelho assado

Preparo: 30 minutos (sem contar o tempo de resfriamento do pimentão vermelho)
Cozimento: 20 minutos
Porções: 1 a 2

1 pimentão vermelho, cortado ao meio
2 colheres de sopa de azeite
1 chalota pequena, bem picada
1 dente de alho moído ou bem picado
½ xícara de macarrão de formas pequenas
3 a 6 colheres de sopa de água ou caldo de frango ou legumes sem sal
1 colher de sopa de abóbora manteiga cozida, amassada ou picada
55 g de peito de frango cozido, picado ou moído
1 colher de chá de salsa fresca bem picada

Pré-aqueça o forno a 200°C. Coloque o pimentão vermelho em uma assadeira e regue-o com metade do óleo. Asse por 20 a 25 minutos, até que fique macio e escureça. Coloque-o dentro de uma grande sacola plástica e feche-a. Deixe descansar até esfriar. O vapor gerado dentro da sacola ajuda a separar a pele do restante do pimentão. Descasque o pimentão e retire o talo e as sementes. Transforme em purê usando um processador de alimentos ou um mixer portátil.

Aqueça o restante do óleo em uma panela pequena e cozinhe a chalota e o alho em fogo baixo por cerca de cinco minutos. Enquanto isso, cozinhe o macarrão em uma panela à parte de acordo com as instruções do pacote.

Adicione o purê de pimentão vermelho, o caldo, a abóbora manteiga e o frango à chalota e ao alho. Aqueça em fogo baixo por cerca de cinco minutos, acrescentando mais caldo se for necessário. Escorra a massa e adicione a mistura com pimentão vermelho. Mexa bem e sirva com a salsa salpicada por cima.

48   10 a 12 meses

Se você não conseguir encontrar milho enlatado sem sal ou açúcar, use milho cozido congelado. Se o seu bebê acabou de começar a mastigar, pique o milho antes de colocá-lo na massa.

bolinhos fritos de queijo e milho

Preparo: 10 minutos

Cozimento: 10 minutos

Porções: 4 a 6 bolinhos grandes ou 8 a 10 pequenos

1 ovo

¾ (generosos) de xícara de leite

¾ de xícara de farinha de trigo tipo 1

½ colher de chá fermento em pó

⅓ de xícara de milho enlatado sem adição de sal ou açúcar, seco

4 colheres de sopa de queijo cheddar ralado

1 colher de chá de cebolinha fresca cortada

2 colheres de chá de óleo de girassol, para fritura com pouco óleo

PARA SERVIR

Mais milho

Pequenos palitos de cenoura

Coloque o ovo e o leite em uma tigela pequena e bata-os com um garfo. Acrescente a farinha e o fermento e bata até que fique homogêneo. Enquanto mexe, acrescente o milho, o queijo e a cebolinha. Aqueça um pouco de óleo de girassol em uma frigideira e coloque ou colheres de chá ou colheres de sopa cheias da massa. Cozinhe por um ou dois minutos de cada lado até que os bolinhos cresçam e fiquem dourados.

Seque sobre pedaços de papel toalha e sirva com mais milho e pequenos palitos de cenoura.

Os bebês adoram as cores vivas e a doçura das frutas e mergulhá-las em um iogurte cremoso é uma boa forma de incentivar os bebês a se alimentarem sozinhos. Para bebês com menos de dois anos, sempre ofereça iogurte integral e não semidesnatado.

frutas com calda

Preparo: 5 minutos
Porções: 1 a 2

½ xícara de framboesa
2 colheres de sopa de iogurte natural ou grego

ESCOLHA ENTRE FRUTAS COMO:

½ banana pequena, cortada em pedaços
½ maçã descascada e cortada em fatias longas
½ pera descascada e cortada em fatias longas
3 a 4 uvas sem sementes, cortadas ao meio
25 g de manga cortada em fatias finas e longas
½ pêssego ou nectarina, em fatias
½ kiwi cortado em palitos

Para fazer a calda, passe as framboesas por um coador de náilon para remover as sementes. Misture o purê de framboesa no iogurte e coloque em uma vasilha pequena. Coloque as frutas em um prato com a calda.

10 a 12 meses 51

novos sabores e texturas
12 a 18 meses

Esta é a idade dos primeiros passos do bebê, um estágio de transição, quando o bebê não é mais um bebê, mas não é ainda uma criança. Geralmente, é um período desafiador, em que os pequenos afirmam a sua crescente independência de muitas maneiras. As opções de alimentação aumentam e é um bom momento para acostumar seu filho a uma variedade de comidas com sabores diferentes.

"Os bebês nessa fase podem estar surpreendentemente abertos a alimentos com sabores fortes."

Para os bebês que estão dando os primeiros passos o mundo torna-se maior e eles podem experimentar muitas coisas novas com boa vontade, assim como podem ser céticos ou cuidadosos com qualquer coisa que não conheçam. Eles podem passar de crianças alegres que provam qualquer alimento para crianças mal-humoradas e teimosas que recusam até alimentos que antes adoravam.

É comum o bebê comer mais em alguns dias e menos em outros. A falta de apetite pode ter muitas causas ocultas, como a dentição, a chegada de uma gripe ou o cansaço. Talvez tenha bebido muito leite e não esteja com muita fome. Os bebês nessa idade também costumam usar a comida para conseguir atenção, pois recusar comida geralmente provoca alguma reação. Aqui temos algumas dicas para garantir que as refeições sejam calmas e que comer seja divertido.

Dicas para refeições calmas e divertidas:
- Uma maneira de introduzir alimentos é misturá-los a comidas das quais você sabe que o bebê gosta. Legumes pouco apreciados podem ser escondidos na sopa ou nos molhos de massas.
- Certifique-se de que seu filho fique bastante ao ar livre e se exercite, para que ele esteja com fome quando for comer.
- Sirva porções pequenas e não insista que seu filho limpe o prato – um pouco de comida é melhor do que nada.
- Não ofereça lanches muito perto do horário das refeições.
- Quando for possível, permita que seu filho ajude a comprar e preparar os alimentos – o bebê pode ajudar a colocar as maçãs nas sacolas no mercado e, depois, arrumá-las uma por vez em uma tigela ao voltar para casa.
- Tente certificar-se de que seu bebê não coma sozinho. Se você ou o resto da família estiver comendo, o bebê irá acompanhá-los.
- Nunca use a comida como barganha. Se você prometer um doce para o bebê comer a refeição, apenas irá reforçar o quanto ele não gosta da comida recusada. Não cause confusão, simplesmente retire o prato e oferece apenas um alimento saudável, como uma fruta, até a próxima refeição ou lanche.
- Se um alimento for recusado, retire-o e sirva novamente em outro momento. Podem ser necessárias duas ou três tentativas antes do alimento ser aceito.
- Permita que o bebê faça escolhas às vezes. Ele prefere uma maçã ou uma banana?
- Nunca deixe que a criança fique muito tempo sentada enquanto você tenta fazê-la comer. A comida esfria e parece pouco apetitosa e será ainda menos provável que o bebê coma. Lembre-se: as crianças nunca passam fome por vontade própria.

Até este momento, a dieta do seu bebê dependeu principalmente do leite materno ou de fórmula. A partir de um ano de idade os bebês podem tomar leite de vaca integral (ou de cabra ou de ovelha), cerca de uma xícara e meia por dia, como parte de uma alimentação bem balanceada. Faça a mudança aos poucos, principalmente se estiver amamentando. Uma informação importante sobre a alimentação de um bebê que está dando seus primeiros passos, ou qualquer criança com menos de cinco anos, é que elas não têm as mesmas necessidades nutricionais de crianças mais velhas e adultos. Elas precisam de mais gorduras e calorias e menos fibras. A gordura e as calorias ajudam no desenvolvimento do cérebro e do sistema nervoso. Sem gorduras e calorias suficientes para queimar, o corpo queima proteínas e as proteínas são necessárias para formar músculos. Para manter o nível de açúcar no sangue alto, os bebês nessa idade precisam comer e beber a cada duas ou três horas. Portanto, embora nós estejamos condicionados a comer somente três refeições por dia, os bebês precisam de três pequenas refeições e mais lanches saudáveis e nutritivos entre elas.

Alguns cereais comerciais são ótimos para crianças, mas a maioria é rica em açúcar refinado, que oferece uma explosão rápida de energia e, depois, deixa-as com fome. Você pode preparar este prato para crianças com menos de um ano se não colocar o mel.

mingau de aveia com frutas

Preparo: 5 minutos
Cozimento: 5 minutos
Porções: 1

¾ de xícara de frutas como framboesas, morangos, cerejas ou amoras, frescas ou descongeladas

Um pouco mais de ¼ de xícara de aveia em flocos

⅓ (generoso) de xícara de leite

1 a 2 colheres de chá de mel (opcional)

Iogurte natural, para servir (opcional)

Processe metade das frutas até obter um purê usando um mixer portátil. Coloque a aveia e o leite em uma panela pequena e cozinhe em fogo baixo por cerca de cinco minutos, mexendo de vez em quando. Deixe esfriar um pouco e acrescente o mel, se desejar.

Coloque em uma tigela para servir e misture o purê de frutas, mexendo até desenhar uma espiral. Pique o restante das frutas e espalhe por cima. Sirva com iogurte natural, se desejar.

Em vez de chirívia, você pode usar batata doce. É bom variar esses legumes de raízes para que os bebês não se apeguem muito às batatas fritas – você deve incentivar uma boa variedade de sabores e texturas. Os hambúrgueres a mais podem ser congelados antes de serem cozidos.

mini-hambúrgueres com chirívia

Pré-aqueça o forno a 200°C. Coloque as chirívias em uma assadeira pequena e regue com o óleo e o mel. Asse no forno por cerca de 20 minutos, até que fiquem crocantes e douradas, virando-as várias vezes durante o preparo.

Para fazer os hambúrgueres, misture a farinha de rosca, as ervas, o ketchup e a carne moída. Faça pequenas tortas com a massa. Cozinhe em uma forma antiaderente por cerca de quatro ou cindo minutos de cada lado.

Sirva em um pãozinho com alface e tomates cereja e coloque as chirívias ao lado, ou não coloque o pãozinho e prepare um prato para que a criança coma sozinha.

Preparo: 10 minutos
Cozimento: 15 a 20 minutos
Porções: 2 a 4 hambúrgueres, dependendo do tamanho

2 chirívias bebês lavadas e cortadas em quatro partes
1 colher de sopa de azeite
2 colheres de chá de mel
½ xícara de farinha de rosca caseira, fresca
½ xícara de chá de tempero italiano de ervas
1 colher de sopa de ketchup orgânico
250 g de bife magro ou cordeiro fresco, moído

PARA SERVIR
Minipães
Alface bebê
Tomates cereja

12 a 18 meses

A maioria das crianças gosta de ovos e este omelete tem muitos legumes, que podem ser tão variados quanto você quiser. Ele é gostoso para comer frio e é ótimo para complementar a lancheira de uma criança mais velha ou até mesmo o almoço de um adulto.

omelete alto

Preparo: 10 minutos
Cozimento: 35 minutos
Porções: omelete de 20 cm

1 colher de sopa de óleo de girassol

½ cebola pequena, picada

200 g de batata com baixo teor de amido, cortada em cubos

½ pimentão vermelho, sem sementes e bem picado

1 abobrinha pequena, cortada em cubos

2 colheres de sopa de ervilhas congeladas

1 colher de sopa de salsa fresca picada

3 ovos batidos

Aqueça o óleo em uma panela para omelete de 20 cm. Acrescente a cebola e cozinhe por cerca de cinco minutos, até ficar macia. Adicione as batatas e cozinhe em fogo baixo por cerca de dez minutos, até ficarem macias. Acrescente o pimentão, a abobrinha, as ervilhas e a salsa e cozinhe por dois ou três minutos.

Bata os ovos com uma colher de sopa de água fria. Derrame-os sobre os legumes na frigideira. Cozinhe em fogo muito baixo por cinco a dez minutos, ou até que a mistura comece a endurecer na parte de cima e a dourar na parte de baixo, quando levantada por uma espátula.

Coloque sob uma grelha média por um ou dois minutos, até que a parte de cima endureça e fique dourada. Esfrie e corte em fatias ou tiras para servir.

Para esta receita, o ideal é usar um wok (panela típica da culinária asiática) para fritar, mas você também pode conseguir um bom resultado com uma frigideira grande, mexendo os ingredientes constantemente para que não queimem. Corte todos em tamanhos parecidos, para que cozinhem no mesmo tempo.

frango frito agridoce

Preparo: 10 minutos
Cozimento: 10 minutos
Porções: 2

55 g de macarrão com massa de ovos, médio
1 colher de sopa de óleo vegetal
55 g de peito de frango sem pele, sem osso, cortado em tiras finas
½ cenoura pequena, cortada em palitos
2 milhos bebês, cortados ao meio horizontalmente e verticalmente
4 ervilhas de quebrar cortadas em tiras
55 g de abacaxi picado
2 cebolinhas verdes fatiadas
25 g de couve chinesa ou espinafre bebê, picado com as mãos
1 colher de chá de suco de abacaxi
1 colher de chá de shoyu light
1 colher de chá de vinagre de xerez ou de arroz

PARA SERVIR
Shoyu (opcional)
Molho de pimenta doce (opcional)

Cozinhe o macarrão ou coloque-o de molho, de acordo com as instruções do pacote. Aqueça o óleo em um wok e frite o frango, mexendo-o constantemente, no óleo quente até que fique levemente escurecido e completamente cozido. Acrescente a cenoura, o milho, as ervilhas de quebrar, o abacaxi e a cebolinha verde e cozinhe por um ou dois minutos. Adicione a couve chinesa, o suco de abacaxi, o shoyu e o vinagre e mexa até o momento em que a couve chinesa murchar.

Escorra o macarrão e sirva com o frango e os legumes por cima dele. Acrescente mais um pouco de shoyu se desejar. Crianças mais velhas podem gostar de um pouco de molho de pimenta doce neste prato.

Se preferir, você pode fazer uma base de pizza quadrada, cortá-la em tiras e congelá-la sem estar cozida, por até quatro semanas. Se você não tiver tempo para fazer a massa, bolinhos de pão, bagels e pão sírio são boas bases para pizzas.

primeiras pizzas

Preparo: 10 minutos, mais o tempo para a massa crescer

Cozimento: 10 minutos

Porções: 4 pizzas individuais

¾ de xícara de farinha branca para pães

¾ de xícara de farinha integral para pães

1 sachê de 7 g de levedura seca ativa (mais ou menos uma colher de chá rasa)

1 colher de sopa de azeite

Mais ou menos ¾ de xícara de água morna (misture ⅓ de água fervente com ⅔ de água fria)

Azeite light, para pincelar

4 colheres de sopa de molho de tomate ou tomates coados

6 tomates cereja cortados ao meio

4 colheres de chá de orégano ou manjericão fresco e picado

125 g de queijo de pasta semidura, como o cheddar

Pré-aqueça o forno a 220°C. Coloque as farinhas e a levedura em uma tigela e acrescente o azeite e água suficiente para misturar os ingredientes até obter uma massa macia, mas não grudenta. Amasse-a por cerca de cinco minutos, até ficar lisa e elástica. Divida a massa em quatro pedaços e enrole cada um para formar um disco de cerca de 10 cm de diâmetro. Pincele levemente uma assadeira com o azeite e coloque os discos de massa por cima. Pincele cada disco com um pouco de azeite. Deixe a massa crescer por cerca de 15 minutos.

Espalhe um pouco de molho de tomate em cada disco e, por cima, coloque três tomates cortados ao meio e espalhe as ervas e o queijo. Asse por sete a dez minutos.

IDEIA ALTERNATIVA DE COBERTURA
Cogumelos e pepperoni
Espalhe molho de tomate nas pizzas e, por cima, coloque cogumelos brancos cortados em pedaços finos, uma fatia de pepperoni, cortada em pedaços bem pequenos, e uma colher de sopa de queijo de cabra esmigalhado.

Esse prato mexicano com sabor de queijo é um ótimo almoço ou lanche. Você pode fazer uma versão vegetariana usando cenoura ralada, abobrinha ralada, cebola roxa, tomate e milho.

triângulos de quesadilla de frango

Preparo: 10 minutos
Cozimento: 10 minutos
Porções: 1 a 2

2 pequenas tortilhas de farinha (20 cm)
1 a 2 colheres de chá de manteiga derretida, para pincelar
½ peito de frango pequeno, cozido, sem osso, sem pele e bem picado
¾ de xícara de queijo cheddar ralado (ou uma mistura de queijo cheddar e queijo muçarela)
1 tomate descascado, sem sementes e cortado em cubos

PARA SERVIR
2 colheres de chá de creme azedo, temperado com um pouco de suco de lima e um pouco de coentro picado
Molho de abacate

Pré-aqueça o forno a 200°C. Pincele levemente uma tortilha com um pouco de manteiga derretida e coloque-a em uma assadeira com o lado que está com manteiga para baixo. Arrume o frango, o queijo e o tomate sobre a tortilha, deixando um espaço vazio em volta da borda. Coloque a segunda tortilha por cima e pincele com o restante da manteiga. Cozinhe por dez minutos, até que o queijo derreta e a parte de cima escureça. Deixe esfriar um pouco e, depois, corte a tortilha em triângulos e sirva com creme azedo ou molho de abacate.

As laranjas são uma boa fonte de vitamina C e as crianças devem ser estimuladas a comê-las, pois contêm fibras valiosas. Às vezes, as laranjas podem ter um gosto azedo, por isso, uma boa maneira de introduzi-las é com uma sobremesa cremosa de arroz.

arroz cremoso perfumado

Preparo: 10 minutos
Cozimento: 25 minutos
Porções: 2 a 3

¼ de xícara de arroz de grão curto
1 xícara e ¼ de leite integral
Sementes de 1 vagem de cardamomo trituradas
½ colher de extrato de baunilha
2 colheres de chá de açúcar (opcional)
Leite ou suco de laranja, para deixar menos espesso (opcional)
1 laranja grande, descascada, sem o núcleo e cortada em pedaços
1 colher de chá de mel
Algumas gotas de água de flor de laranjeira (opcional)

Coloque o arroz, o leite, as sementes de cardamomo trituradas, o extrato de baunilha e o açúcar (se estiver usando açúcar) em uma panela pequena. Deixe ferver e cozinhe em fogo bem baixo por cerca de 20 minutos, mexendo com frequência. Quando os grãos de arroz ficarem bem macios, retire-os do fogo e deixe-os esfriar. Use um pouco de leite ou suco de laranja se a mistura estiver muito espessa.

Coloque os pedaços de laranja em um prato e regue com mel e água de flor de laranjeira. Mexa um pouco e sirva com o arroz cremoso.

12 a 18 meses

Sorvete de baunilha é uma boa base para muitas sobremesas diferentes; experimente com peras fatiadas e calda de chocolate ou experimente misturar com banana amassada, framboesas frescas ou pedacinhos de chocolate antes de congelar.

sorvete com calda de morango e biscoitos de estrelas

Preparo: aproximadamente 45 minutos, mais o tempo de congelamento
Cozimento: 5 minutos
Porções: cerca de 2 xícaras e ½

2 xícaras e ½ de creme de leite fresco
1 vagem de baunilha, partida
4 gemas de ovos
Um pouco mais de ¼ de xícara de açúcar
1 xícara e ¼ de morango
1 colher de sopa de açúcar de confeiteiro

BISCOITOS DE ESTRELA

½ xícara de açúcar de confeiteiro peneirado
6 colheres de sopa de manteiga sem sal, amolecida
1 gema de ovo
1 xícara de farinha de trigo tipo 1 e mais um pouco para polvilhar

Coloque o creme em uma panela. Raspe as sementes da vagem de baunilha e coloque-as na panela, junto com a vagem. Deixe ferver, tire do fogo e deixe descansar por cerca de 20 minutos.

Misture as gemas e o açúcar superfino. Derrame o creme. Devolva a mistura para a panela, depois de limpa, e cozinhe em fogo baixo até que ela comece a ficar mais espessa, mexendo constantemente. Passe-a por um coador e coloque-a em uma tigela. Cubra e deixe descansar até esfriar.

Bata a mistura em uma máquina de sorvete ou coloque a tigela para congelar. Quando estiver meio congelada, retire e bata. Devolva para o congelador. Repita o procedimento por quatro ou cinco vezes.

Para fazer a calda, coloque os morangos e o açúcar em uma tigela e faça um purê usando um mixer elétrico.

Para preparar os biscoitos de estrela, pré-aqueça o forno a 180°C. Coloque todos os ingredientes em uma tigela e misture até obter uma massa lisa. Abra a massa em uma superfície com farinha e corte os formatos de estrela. Coloque em uma assadeira antiaderente e asse por cinco a dez minutos, até que fiquem dourados. Sirva o sorvete com a calda e os biscoitos.

aventuras saborosas *18 a 36 meses*

Seu filho agora está se aproximando do estágio às vezes chamado de "os terríveis dois anos". As crianças deixam de ser bebês e frequentemente afirmam sua independência quando se trata do que irão comer, vestir ou fazer. Não deixe que as refeições façam parte dessas batalhas. Este período pode ser uma montanha-russa de mudanças e você irá precisar de um pouco de paciência, mas é uma fase que também pode ser muito divertida.

"Envolver seu filho nas refeições pode ser muito divertido."

Crianças nesta idade são muito mais sociáveis, andam por aí e entram em contato com alimentos diferentes. Pode ser uma fase difícil porque a pressão vinda da publicidade, os amigos que elas visitam e os lugares aonde vão podem ter um grande impacto. Não caia na armadilha de servir para o seu filho a chamada "comida de criança". É muito fácil, quando temos pouco tempo, preparar hambúrgueres ou nuggets, ou oferecer salgadinhos ou biscoitos. Isso pode virar um hábito rapidamente e, antes que você perceba, seu filho estará acostumado ao sabor dos alimentos processados e não irá comer legumes frescos ou pratos feitos em casa. Produtos feitos especialmente para crianças são caros. A maioria desses alimentos tem altos níveis de sal, açúcar, gordura e aditivos artificiais. Não é uma boa ideia banir para sempre essas comidas, pois isso apenas as torna mais atraentes. Libere-as às vezes, como parte de uma alimentação balanceada e, dessa forma, seu filho irá aprender que não há comidas "ruins" e comidas "boas", mas que deve haver uma maneira sensata de se alimentar.

Comer fora é outra área que pode ser desafiadora. A maioria das crianças adora a novidade de comer fora, mas, mais uma vez, deve ser uma diversão ocasional, porque geralmente é difícil achar um bom restaurante para crianças, que ofereça comidas saudáveis, nutritivas e de boa qualidade. Hambúrgueres e batatas fritas ou pizzas podem ser dadas de vez em quando, como um regalo, e é bom que seu filho se acostume a comer fora e a se comportar quando não está em casa. Em vez de optar pelo menu infantil (que frequentemente é carregado em farinha de rosca, frito em muito óleo e servido com batatas fritas), uma boa ideia é pedir algo para você e pedir um prato à parte para compartilhar a refeição com o seu filho.

Lanches doces são muito atraentes para crianças pequenas, mas devem ser evitados porque o esmalte de dentes novos é vulnerável e esses dentes de leite serão necessários para guiarem os dentes permanentes. Bactérias que se alimentam dos açúcares que comemos ou bebemos produzem placa dentária. A placa contém um ácido, que ataca o esmalte, criando buracos e, depois, quebrando a dentina que está dentro do dente. Quanto mais açúcar o bebê comer, mais provável será que seus dentes sejam estragados. Restrinja os alimentos com açúcar às refeições, pois ingeri-los junto com outros alimentos ajuda a diminuir o ácido gerado. Não deixe que as crianças tomem suco ou leite logo antes de tirarem um cochilo ou irem dormir, depois de terem escovados os dentes; o açúcar ataca os dentes delas enquanto dormem. Não se sinta tentado a usar alimentos e bebidas que trocam açúcar por adoçantes artificiais porque eles podem incentivar seu filho a ficar fã de doces e não fazem parte, necessariamente, da dieta de uma criança.

Envolver seu filho nas refeições pode ser muito divertido e também um momento valioso de aprendizado. É muito mais provável que uma criança coma bem e com inteligência se for envolvida, em algum momento, na preparação da comida. Aqui estão algumas ideias para incentivar os bebês a serem curiosos e aventureiros em relação à comida.

Dicas para incentivar seu filho a comer:
- Ensine os nomes e as cores de frutas e legumes quando estiver fazendo compras.
- Ao tirar os alimentos das sacolas, conte quantas maçãs ou pacotes você comprou.
- Deixe-o mexer uma mistura com uma colher de pau.
- Use um cortador de biscoitos de plástico para criar formas em pães, crepes ou massas de torta.
- Deixe-o colocar frutas pequenas, como morangos, em uma sobremesa.

Os bebês que estão dando seus primeiros passos geralmente estão muito ocupados correndo por aí para ficarem interessados em comida, assim, refeições pequenas e lanches são preferíveis neste estágio. Também é um bom momento para introduzir alimentos antes que eles fiquem muito exigentes.

cogumelos recheados

Preparo: 5 minutos

Cozimento: 15 minutos

Porções: 4 a 5

4 a 5 cogumelos cremini médios

Azeite

1 colher de sopa de farinha de rosca fresca

25 g de queijo Gruyère bem ralado

1 fatia fina de presunto magro bem picado

½ colher de chá de cebolinha fresca bem picada

Pequenos triângulos de pão integral tostado e com um pouco de manteiga, para servir

Pré-aqueça o forno a 190°C. Limpe com cuidado os cogumelos. Remova e jogue fora os talos e pincele a parte externa dos cogumelos com azeite.

Misture a farinha de rosca, o queijo, o presunto e a cebolinha e recheie os cogumelos com a mistura.

Coloque em uma assadeira e asse por de 10 a 15 minutos, até dourar. Sirva com os triângulos de torradas integrais com manteiga.

Uma boa maneira de fazer com que as crianças comam legumes é "escondê-los" em alguma coisa saborosa, como massas e molhos de tomate. Nesta receita, cebola, abobrinha e espinafre bebê estão em um dos pratos favoritos das crianças, a lasanha.

lasanha de legumes

Pré-aqueça o forno a 190°C. Aqueça o óleo em uma panela, acrescente a cebola e o alho e cozinhe em fogo bem baixo por cerca de dez minutos, até ficarem macios. Adicione a abobrinha e cozinhe por dois ou três minutos. Acrescente o espinafre e mexa até o momento em que ele murchar. Depois, retire do fogo. Deixe esfriar e, depois, escorra o líquido, se tiver.

   Misture os legumes cozidos com a ricota. Se for necessário, coloque a lasanha em água fervente de acordo com as instruções do pacote. Corte cada folha de lasanha em pedaços que caibam em pratos quadrados individuais que possam ir ao forno, de cerca de 12 cm. Derrame um pouco de molho de tomate em cada prato. Coloque em camadas a lasanha, a mistura de ricota e o molho de tomate em cada prato. Finalize com uma camada de lasanha. Derrame o molho de queijo sobre a lasanha e polvilhe os queijos muçarela e parmesão.

   Asse por cerca de 10 a 25 minutos, até dourar.

Preparo: 30 minutos

Cozimento: 25 minutos

Porções: 3 a 4 lasanhas individuais

1 colher de sopa de azeite

1 cebola roxa picada

1 dente de alho triturado e picado

100 g de abobrinha em fatias

100 g de espinafre bebê lavado e picado

Um pouco mais de 1 xícara de ricota

3 a 4 folhas de lasanha fresca

1 porção do molho de tomate ou de legumes

1 porção do molho de queijo

100 g de muçarela picado

½ xícara de queijo parmesão recém-ralado

18 a 36 meses   **69**

As crianças adoram o sabor doce das frutas e ele com frequência as incentiva a comer pratos com carne. Fazer com que os bebês mastiguem a carne às vezes é complicado, portanto, você pode precisar cortar a carne de porco em cubos muito pequenos.

carne de porco e ameixa com purê de couve

Preparo: 15 minutos
Cozimento: 25 minutos
Porções: 1 a 2

1 batata grande, descascada e cortada
2 colheres de chá de óleo vegetal
½ cebola pequena, bem picada
100 g de contrafilé de porco magro, em pedaços do tamanho de uma mordida
½ colher de chá de sálvia fresca picada
2 ameixas sem caroço e fatiadas
3 colheres de sopa de suco de laranja feito na hora
Uma pitada de canela moída
1 colher de sopa de molho Hoisin ou ketchup orgânico
3 a 4 colheres de sopa de caldo de legumes (opcional)
½ xícara de couve lombarda bem picada
1 a 2 colheres de sopa de leite (opcional)
1 cenoura cozida, para servir

Cozinhe a batata em água fervente por cerca de dez minutos, até ficar macia.

Aqueça o óleo em uma frigideira pequena com tampa. Acrescente a cebola e cozinhe por cerca de cinco minutos, até dourar. Adicione a carne de porco e cozinhe por cinco minutos, até dourar em todos os lados. Acrescente a sálvia, as ameixas, o suco de laranja, a canela, o molho Hoisin e um pouco de caldo de legumes para deixar a mistura menos espessa, se for necessário. Tampe e cozinhe em fogo baixo por cinco minutos, ou até a carne ficar cozida.

Enquanto isso, cozinhe a couve em um pouco de água fervente ou no vapor por dois ou três minutos, até que fique apenas macia. Escorra e amasse a batata com um pouco de leite. Acrescente a couve, enquanto mexe. Sirva a carne de porco e o purê de couve com uma cenoura pequena, fatiada, cozida na água ou no vapor.

18 a 36 meses 71

Depois de um bom café da manhã e uma bebida na metade da manhã, nem sempre as crianças estão prontas para se sentarem para o almoço. Este prato parece um lanche, mas está cheio de bons alimentos que manterão os níveis de energia delas até o jantar.

rolinhos texanos-mexicanos

Preparo: 10 minutos
Cozimento: 30 segundos
Porções: 2

2 tortilhas de milho
2 colheres de sopa de feijoada à moda de Boston ou feijões orgânicos preparados com molho, amassados
2 colheres de sopa de queijo cheddar ralado
2 a 3 colheres de sopa de frango cozido, bem picado ou desfiado
1 tomate fatiado
¼ de abacate sem casca e cortado em tiras

Coloque cada uma das tortilhas em um prato próprio para microondas. Espalhe os feijões sobre cada tortilha e polvilhe o queijo. Leve ao microondas por cerca de 15 segundos, até que o queijo derreta. Deixe esfriar um pouco. Coloque o frango, o tomate e o abacate por cima. Enrole e corte em pedaços pequenos.

18 a 36 meses

Esta receita rende mais chili do que você precisa, mas você pode congelar porções individuais por até um mês. Você também pode servir o chili com arroz ou em torradas integrais com milho bebê cozido ou salsa de tomate (molho de tomate mexicano) pouco temperada.

batata cozida com chili

Preparo: 5 minutos
Cozimento: 30 minutos a 1 hora
Porções: 1 (4 a 5 porções do chili)

1 batata para cozimento, pequena e lavada
Azeite, para passar na batata
Cebolinha picada, para decorar

BIFE COM CHILI

1 colher de chá de azeite
½ cebola pequena, picada
115 g de carne moída magra
½ colher de chá de cominho moído
¼ de colher de chá de páprica
Uma pitada (grande) de pó de pimenta suave
200 g de tomates picados e enlatados em seu suco
½ colher de sopa de extrato de tomate concentrado
6 colheres de sopa de caldo de carne sem sal
200 g de feijão roxo cozido

Pré-aqueça o forno a 200°C. Passe azeite na batata. Com uma faca, faça uma incisão ao redor da batata, delimitando cerca de um terço dela (na parte de cima). Coloque em uma assadeira e cozinhe por 30 a 60 minutos.

Para fazer o chili, aqueça o azeite em uma panela e cozinhe a cebola por cerca de cinco minutos, até ficar macia. Acrescente a carne moída e espere até ela escurecer. Adicione os temperos enquanto mexe e cozinhe por um minuto. Acrescente os tomates, o extrato de tomate, o caldo e os feijões e cozinhe em fogo baixo por cerca de 30 minutos, até engrossar.

Coloque a batata em um prato. Corte a parte de cima, recheie com um pouco do bife com chili e decore com a cebolinha.

As crianças adoram feijões com molho e salsichas, mas as marcas comerciais de feijões geralmente têm muito açúcar. No entanto, é fácil prepará-los em casa. Compre xarope de bordo puro e não a versão apenas com sabor de bordo.

feijoada à moda de Boston

Grelhe as salsichas por cerca de dez minutos, virando-as com frequência. Coloque os feijões, os tomates coados, o xarope de bordo e a mostarda em uma panela. Cozinhe em fogo baixo por cerca de dez minutos, até a mistura estar totalmente aquecida.

Grelhe a pancetta até ficar crocante e escurecer. Você pode cortar as salsichas e acrescentá-las ao feijão na panela ou servir os feijões com a pancetta por cima, ao lado das salsichas.

Preparo: 5 minutos
Cozimento: 15 minutos
Porções: 2

2 a 4 salsichas pequenas de boa qualidade
400 g de feijão branco cozido, como o cannellini ou o lima, sem a adição de sal ou açúcar
Um pouco mais de ¾ de xícara de tomates coados
1 colher de sopa de xarope de bordo
1 colher de chá de mostarda granulada
4 fatias de pancetta ou bacon, cortadas em tiras finas

18 a 36 meses 75

Deixe as saladas divertidas usando cores alegres e várias texturas diferentes. Varie os ingredientes de acordo com o que estiver disponível na estação. Favas cozidas e sem casca são deliciosas e milho e beterraba cozidos dão mais cor.

supersalada

Preparo: 10 minutos
Porções: 1 a 2

1 fatia de pão ciabatta do dia anterior
Azeite, para pincelar
Algumas folhas de alface crespa pequena
3 a 4 vagens, cozidas até ficarem apenas macias, picadas
1 buquê de brócolis, cozido até ficar apenas macio, picado
2 a 3 tomates cereja, divididos em quatro partes
1 pedaço de 2,5 cm de pepino, cortado em cubos
¼ de pimentão vermelho pequeno, sem sementes e picado
2 batatas bebês novas, cozidas e picadas
1 ovo cozido, cortado em fatias
Algumas raspas de queijo parmesão

MOLHO
1 colher de sopa de creme azedo
1 colher de sopa de azeite
2 colheres de sopa de vinagre balsâmico

Para fazer os croutons, pincele a fatia de ciabatta dos dois lados com azeite e grelhe dos dois lados até ficar crocante e dourada. Deixe esfriar e corte em pedaços.

Corte a alface em pedaços fáceis de arrumar e coloque-os em uma tigela. Acrescente as vagens, o brócolis picado, os tomates cereja, o pepino, o pimentão vermelho, as batatas e o ovo.

Para fazer um molho para a salada, misture o creme azedo, o azeite e o vinagre balsâmico. Coloque um pouco do molho sobre a salada e espalhe as raspas de parmesão e os croutons.

Sobremesas são sempre uma diversão, mas tente fazer seu bebê gostar daquelas feitas à base de frutas e tente evitar as que contêm muito açúcar e gordura. Sempre compre iogurte natural e acrescente seus próprios sabores.

maçãs bebês cozidas com iogurte doce

Preparo: 15 minutos
Cozimento: cerca de 15 minutos, mais um tempo para esfriar
Porções: 4

Um pouco mais de ¾ de xícara de creme de leite fresco
Um pouco mais de ¾ de xícara de iogurte grego natural
4 colheres de sopa de açúcar mascavo
4 maçãs pequenas
8 damascos secos carnudos, picados
2 colheres de chá de manteiga

Para fazer o iogurte doce, bata o creme até que engrosse. Misture o iogurte aos poucos e coloque em uma tigela. Espalhe o açúcar mascavo por cima, cubra e deixe no refrigerador por uma hora. Enquanto esfria, o açúcar irá ficar líquido e formará uma camada de "calda".

Pré-aqueça o forno a 200°C. Lave as maçãs e remova o centro delas. Com uma faca afiada, faça uma incisão ao redor da maçã, mais ou menos na metade dela, para que ela possa aumentar ao cozinhar. Coloque as maçãs em um prato pequeno próprio para forno e recheie-as com os damascos. Acrescente uma pitadinha de manteiga em cima de cada uma e leve ao forno por cerca de 15 minutos, ou até ficarem macias.

Mexa o açúcar líquido no iogurte formando uma espiral e sirva com as maçãs quentes.

Participando das refeições em família *3 anos ou mais*

Quando as crianças chegam ao seu terceiro aniversário, o comportamento geralmente difícil de quando eram bebês começa a desaparecer. As crianças participarão da maioria das refeições da família e, neste estágio, já terão todos os dentes, o que dá mais flexibilidade para os alimentos que você prepara. No entanto, os anos entre o terceiro e o quinto aniversário ainda são muito importantes do ponto de vista nutricional.

"O café da manhã é muito importante para as crianças."

Um dos problemas que às vezes surgem é quando uma criança desta idade gosta muito de leite. Como o leite contém cálcio, ele é muito importante para o crescimento dos ossos. No entanto, ele é pobre em ferro e outros nutrientes que são encontrados em uma dieta bem balanceada. Crianças que pedem bebidas com leite o dia inteiro irão se sentir satisfeitas e não irão comer as refeições. Limite a quantidade de leite e não o ofereça no horário das refeições. Você pode oferecer leite semidesnatado se seu filho tiver um peso normal e uma dieta variada. Por outro lado, existem algumas crianças que não gostam de tomar leite, mas é mais fácil lidar com essa situação, pois basta aumentar a quantidade de queijo, iogurte e outros laticínios que elas comem para garantir que ingiram cálcio suficiente.

Durante os próximos anos seu filho começará a ir para o berçário e, depois, para a escola em meio período ou período integral. Portanto, é fundamental que ele continue comendo de maneira nutritiva – oferecer alimentos saudáveis é uma das coisas mais importantes que os pais podem fazer. Agora que a criança está participando das refeições em família pode ser que você tenha que prestar atenção na sua própria dieta e fazer alguns ajustes saudáveis, mas necessários. Uma das coisas que você pode fazer é colocar sal somente quando for realmente necessário durante o preparo dos alimentos e nunca o coloque na mesa como tempero. O sal é encontrado em pequenas quantidades em quase todos os alimentos, até mesmo na água de torneira. Tente não comprar muitos alimentos processados ou prontos no supermercado, porque eles geralmente têm muito sal. A Organização Mundial da Saúde definiu uma meta de 5 g de sal por dia para adultos e as quantias diárias máximas abaixo recomendadas para crianças:

- De um a três anos: 2 g de sal (800 mg de sódio)
- De quatro a seis anos: 3 g de sal (1,2 g sódio)
- De sete a dez anos: 5 g de sal (2 g de sódio)

O que pode nos confundir, ao olharmos a tabela nutricional de alimentos embalados, é que o sal tem 40% de sódio, assim, 1 g (100 mg) de sódio equivale a 2,5 g (2.500 mg) de sal. Um produto com muito sal é aquele que contém 0,5 g de sódio (ou mais) a cada 100 g, e um produto com pouco sal irá conter 0,1 g de sódio (ou menos) a cada 100 g. Um das razões para manter os níveis de sal e açúcar no limite mínimo pra crianças pequenas é para que não fiquem com vontade deles, mas aprendam o sabor real das comidas e rejeitem tudo o que for muito salgado.

O café da manhã é uma refeição muito importante para as crianças e, mesmo se você costuma ignorá-lo, não deixe que seu filho faça o mesmo. O café da manhã ajuda a criança a ficar cheia de energia e aprender bem; é amplamente conhecido o fato de que crianças que tomam café da manhã têm um desempenho melhor na escola. As crianças muitas vezes gostam bastante de cereais com açúcar e, embora eles não possam ser banidos por completo, faça-os serem uma parte pequena de uma variedade de opções de café da manhã. Aveia, muesli, frutas, iogurtes, vitaminas, pequenos bolinhos e pãezinhos de frutas tostados são rápidos de preparar.

Quando uma criança começa a ir ao berçário e à escola, pode ser necessário que você providencie um lanche ou um almoço para ser levado, de acordo com o horário das aulas: meio período ou período integral. Não é necessário mandar muita comida. A maioria de nós costuma colocar muitas coisas na lancheira e, se a criança comer devagar ou gostar de conversar, a maior parte não será aproveitada. É melhor mandar uma quantidade menor e saber que ela irá comer sua principal refeição em família quando chegar à sua casa. Alguns sanduíches pequenos, alguns vegetais cortados em palitos e algumas frutas pequenas são suficientes. Não acrescente salgadinhos e barras de doces porque as crianças irão comer esses alimentos primeiro e deixar de lado o restante.

Estes bolinhos são ótimos para começar o dia ou para um lance no meio da manhã. Você pode fazer bolinhos pequenos ou grandes, para crianças mais velhas e adultos. Também experimente usar oxicocos secos, tâmaras, uvas passas ou uvas passas brancas.

bolinhos de muesli

Preparo: 15 minutos

Cozimento: 10 a 15 minutos para bolinhos pequenos e 25 a 30 minutos para bolinhos maiores

Porções: 12 bolinhos grandes ou 36 pequenos

½ xícara de damascos secos carnudos, picados

4 colheres de sopa de suco de laranja

2 ovos

⅔ de xícara de creme azedo

Um pouco mais de ⅓ de xícara de óleo de girassol

½ xícara de açúcar mascavo claro

2 xícaras de farinha com fermento

1 colher de chá de fermento em pó

COBERTURA

Um pouco mais de ¼ de xícara de açúcar mascavo claro

⅔ de xícara de muesli crocante, um pouco triturado

2 colheres de sopa de manteiga derretida

Pré-aqueça o forno a 190°C. Coloque os damascos e o suco de laranja em uma pequena tigela e deixe "de molho" por cerca de 15 minutos. Coloque os ovos em uma tigela e bata. Acrescente o creme azedo, o óleo e o açúcar. Adicione a mistura com damascos e mexa bem. Coloque a farinha e o fermento em uma tigela e acrescente os ovos e a mistura de damasco mexendo com suavidade. Não misture demais.

Coloque a massa, com uma colher, sobre forros de papel em uma forma de bolinhos. Misture os ingredientes da cobertura e espalhe sobre os bolinhos. Leve ao forno por dez a 15 minutos, para os bolinhos pequenos, e 25 a 30 para bolinhos maiores.

82   3 anos ou mais

Alimento gostoso para qualquer hora do dia, uma deliciosa vitamina de frutas é uma boa maneira de incentivar as crianças pequenas a comerem algo logo de manhã, quando elas com frequência não querem tomar o café da manhã.

vitaminas

VITAMINA DE FRUTAS
Coloque todos os ingredientes no liquidificador e processe a mistura até ficar homogênea. Coloque em um copo e sirva com canudos.

VITAMINA DE BANANA COM MALTE
Coloque todos os ingredientes no liquidificador e processe a mistura até ficar homogênea. Para fazer uma versão com chocolate, use leite maltado em pó com chocolate e sorvete de chocolate. Coloque em um copo e sirva com canudos.

VITAMINA DE FRUTA

Preparo: 5 a 10 minutos

Porções: 2

½ manga descascada e picada

1 banana pequena

4 a 6 morangos

Um pouco mais de ⅓ de xícara de iogurte grego, com mel

⅔ de xícara de leite

4 cubos de gelo

VITAMINA DE BANANA COM MALTE

Preparo: 5 minutos

Porções: 2

1 banana pequena picada

Um pouco mais de ¾ de xícara de leite

2 colheres de sopa de leite maltado em pó

4 cubos de gelo

3 anos ou mais   83

Quando seu filho começar a ir para o berçário e, eventualmente, para a escola, você terá de preparar uma lancheira com alimentos nutritivos e atraentes. Abaixo, temos algumas ideias para recheios de sanduíches, que podem ser guardados por até dois dias no refrigerador.

recheios fantásticos para sanduíches

ATUM CROCANTE
Preparo: 10 minutos

200 g de atum enlatado em água, seco e em lascas
1 colher de sopa de milho enlatado, seco
1 colher de sopa de pimentões picados
1 colher de sopa de maionese

HOMUS
Preparo: 10 minutos, mais o tempo de cozimento da cenoura

Um pouco mais de ⅓ de xícara de homus
1 cenoura pequena cozida e picada
1 colher de sopa de pepino picado

PASTA DE QUEIJO E FRUTAS
Preparo: 5 minutos

Um pouco mais de ⅓ de xícara de queijo magro de pasta mole ou ricota
1 colher de sopa de tâmaras picadas e sem caroço
2 colheres de copa de damascos secos carnudos, picados

FRANGO E ABACATE
Preparo: 5 minutos

½ peito de frango cozido, bem picado
½ abacate pequeno, amassado com duas colheres de chá de suco de limão

OVO E BACON
Preparo: 15 minutos

2 ovos cozidos e amassados
1 colher de sopa de maionese
2 fatias de bacon cozidas e crocantes, picadas

SALADA DE REPOLHO
Preparo: 5 minutos

¾ de xícara de salada de repolho, cenoura e maionese
1 colher de sopa de queijo cheddar ralado
1 fatia fina de presunto, picada

Misture os ingredientes para os recheios e guarde no refrigerador até precisar deles.

84   3 anos ou mais

Esta salada pode ser saboreada sozinha ou com um pão com crosta, mas também é deliciosa quando servida com frango assado em temperatura ambiente, presunto cozido em casa ou salame fatiado. Se seu bebê gostar, acrescente algumas azeitonas pretas sem caroço.

salada quente com macarrão

Preparo: 15 minutos
Cozimento: 35 minutos
Porções: 4

5 colheres de sopa de azeite

1 colher de sopa de suco de limão

2 dentes de alho, amassados com a parte de trás de uma faca e picados

1 colher de chá de alecrim fresco, picado

2 colheres de chá de tomilho fresco, picado

1 cebola roxa cortada em oito fatias

1 pimentão vermelho sem sementes e cortado em fatias grossas

1 pimentão amarelo sem sementes e cortado em fatias grossas

4 abobrinhas pequenas, divididas em quatro no sentido do comprimento

4 tomates do tipo italiano, divididos em quatro

250 g de penne

1 colher de sopa de vinagre de vinho branco

1 colher de sopa de molho pesto

200 g de queijo feta amassado

Um punhado de folhas de rúcula bebê

Pré-aqueça o forno a 200°C. Coloque duas colheres de sopa de azeite, o suco de limão, o alho e as ervas em uma assadeira grande. Junte a cebola e os pimentões e acrescente-os à mistura. Asse por dez a 15 minutos. Adicione a abobrinha e os tomates e cozinhe por mais dez a 15 minutos, até que os legumes fiquem macios e levemente queimados nas bordas.

Enquanto isso, cozinhe o macarrão de acordo com as instruções do pacote. Escorra e coloque em uma tigela grande. Misture o restante do azeite, o vinagre e o molho pesto e derrame sobre o macarrão. Acrescente os legumes cozidos resfriados e o queijo e mexa devagar. Espalhe a rúcula por cima e sirva quente.

O arroz frito com ovo é uma receita muito popular e pode ser servido com muitos outros pratos. É uma boa maneira de fazer com que as crianças comam ovos sem perceber. Crianças pequenas gostam do sabor deste salmão preparado à moda chinesa.

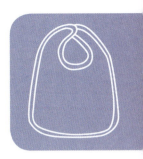

salmão e arroz frito com ovo

Corte o salmão em dois pedaços e coloque-os em um prato raso. Misture o mel e o shoyu e pincele a mistura no salmão. Deixe descansar por dez minutos.

Aqueça duas colheres de chá do óleo e cozinhe a cenoura por cerca de cinco minutos. Acrescente as ervilhas e o pimentão e cozinhe por mais cinco minutos, até que fiquem macios. Adicione o ovo batido e cozinhe em fogo baixo, mexendo e quebrando o ovo em pequenos pedaços. Acrescente o arroz cozido e aqueça completamente por alguns minutos.

Aqueça o restante do óleo em uma frigideira pequena e cozinhe o salmão por dois ou três minutos de cada lado. Outra opção é cozinhar o peixe sob uma grelha. Misture a cebolinha no arroz. Sirva o salmão sobre o espinafre e acompanhado do arroz frito.

Preparo: 10 minutos
Cozimento: 20 minutos
Porções: 2

200 g de filé de salmão sem pele
2 colheres de chá de mel
1 colher de sopa de shoyu light
3 colheres de chá de óleo vegetal
1 cenoura pequena, bem picada
2 colheres de sopa de ervilhas congeladas
½ pimentão vermelho sem semente e picado
1 ovo batido
Um pouco mais de ⅓ de xícara de arroz basmati cozido
1 cebolinha verde em fatias finas
Espinafre ou couve chinesa levemente cozida, para servir

3 anos ou mais   **87**

Esta é uma excelente opção para o almoço de domingo, servida com purê de batata ou batata assada e vagem. Se sobrar um pouco do almoço, este bolo fica delicioso frio e fatiado e fica ótimo até como recheio de sanduíche.

bolo de carne para a família

Preparo: 10 minutos
Cozimento: 1 hora e 5 minutos
Porções: 6

450 g de bife magro moído
250 g de peru ou frango moído
250 g de salsicha de boa qualidade, tirada do invólucro
2 fatias de pão integral, esmigalhado
2 ovos batidos
2 colheres de chá de tempero italiano de ervas
3 colheres de sopa de salsa de folha plana, fresca e picada
12 fatias de bacon ou pancetta
500 g de tomates coados com cebola

Pré-aqueça o forno a 180°C. Coloque o bife e o peru moídos, a salsicha, o pão em migalhas, o ovo batido e as ervas em uma tigela e misture bem, usando as mãos.

Forre uma forma de pão de 23 x 13 x 8 cm com papel filme. Coloque a mistura de carnes na forma e aperte-a bem. Vire a forma sobre uma assadeira pequena e remova a forma e o papel filme. Arrume as fatias de bacon por cima do bolo de carne, cubra com papel alumínio e leve ao forno por uma hora.

Aqueça os tomates coados em uma panela pequena. Seque o excesso de gordura ao redor do bolo de carne. Derrame os tomates coados na assadeira, pincelando um pouco do molho sobre o bolo de carne. Devolva ao forno por mais cinco minutos. Sirva fatias do bolo de carne com molho de tomate.

Quando trabalhar com a massa filo, mantenha as folhas sem uso cobertas até serem necessárias ou elas ficarão secas muito rápido. Você pode usar sobras de frango ou peru cozido nesta receita – basta cortá-las e acrescentá-las ao molho.

trouxa de peru e brócolis

Preparo: 25 minutos
Cozimento: 20 minutos
Porções: 4 embrulhos

3 colheres de sopa de óleo vegetal
280 g¼ de peru ou peito de frango, cortado em lascas finas
175 g de brócolis cortado em buquês pequenos
½ porção do molho de queijo
2 colheres de sopa de manteiga derretida
8 folhas de massa de filo, cada uma com cerca de 15 x 30 cm
1 colher de sopa de sementes de gergelim

Pré-aqueça o forno a 200°C. Aqueça uma colher de sopa de óleo em uma frigideira e cozinhe o peru por cerca de cinco minutos, até dourar e ficar completamente cozido. Resfrie.

Cozinhe os buquês de brócolis em água fervente por 30 segundos. Escorra e resfrie com água fria. Misture as lascas de peru e o molho de queijo e acrescente o brócolis aos poucos. Reserve.

Misture o restante do óleo e a manteiga. Corte as folhas de massa de filo ao meio. Pegue uma folha e pincele a mistura de óleo e manteiga com moderação. Coloque mais três folhas por cima, com ângulos que formem uma estrela. Pincele um pouco de óleo e manteiga entre cada folha. Coloque um quarto do recheio no centro e, depois, junte as folhas de massa e prenda-as umas nas outras. Pincele um pouco de óleo e manteiga e espalhe as sementes de gergelim por cima. Leve ao forno por 20 minutos, até dourar e ficar crocante.

Outro prato muito apreciado pelas famílias é a torta de maçã caseira. A massa de maçã é especialmente leve porque é feita com farinha com fermento. Use outras frutas, como damascos e pêssegos, e experimente combinações diferentes.

torta de fruta com cobertura de açúcar

Preparo: 25 minutos
Cozimento: 40 minutos
Porções: 6

2 xícaras e ½ de farinha com fermento
¾ de xícara de manteiga
Água, para misturar e pincelar
1 colher de sopa de maisena
½ xícara de açúcar superfino
1 colher de chá de canela moída
Casca de 1 laranja pequena bem ralada
Casca de 1 limão pequeno bem ralada
8 maçãs-verdes descascadas, sem núcleo e fatiadas
2 colheres de chá de suco de limão
Creme ou sorvete, para servir

COBERTURA
1 clara de ovo em neve
1 colher de sopa de açúcar superfino

Pré-aqueça o forno a 200°C. Coloque uma assadeira no forno.

Coloque a farinha em uma tigela e misture a manteiga com as mãos até que a mistura lembre farinha de rosca fina. Acrescente água suficiente para fazer uma massa macia, mas não grudenta. Abra um pouco menos da metade da massa em uma superfície com farinha e use para forrar o fundo de uma forma para torta de 22 cm.

Misture a maisena, o açúcar, a canela e as cascas de laranja e limão e junte as maçãs e o suco de limão. Coloque a mistura na forma forrada com a massa. Umedeça a borda da massa com água. Abra o restante da massa e use para cobrir a torta. Se sobrar massa ao aparar as bordas, abra esses pedaços e corte formatos de folhas. Passe água neles e grude-os na torta. Pincele a parte de cima da torta com a clara batida e polvilhe o açúcar. Coloque a torta na assadeira quente que está no forno e cozinhe por cerca de 30 a 40 minutos, até dourar. Sirva com creme ou sorvete.

Para um doce ocasional, você pode preparar estes saborosos brownies. Se usar pedaços de chocolate na receita, sirva apenas um pequeno pedaço de brownie. Esta receita também é um belo bolo de aniversário.

brownies duplos de chocolate

Preparo: 20 minutos
Cozimento: 25 minutos
Porções: 16

150 g de chocolate amargo com, no mínimo, 70% de cacau

7 colheres de sopa de manteiga sem sal e mais um pouco para untar

1 colher de chá de extrato de baunilha

1 xícara de amêndoas moídas

1 xícara (rasa) de açúcar superfino

4 ovos, separados

Um pouco mais de ½ xícara de uvas passas ou tâmaras secas sem caroço picadas, nozes picadas ou chocolate quebrado em pedaços pequenos

Açúcar de confeiteiro para decorar (opcional)

Pré-aqueça o forno a 180°C. Unte uma forma de bolo quadrada de 20 cm e forre o fundo.

Coloque o chocolate e a manteiga em uma tigela à prova de calor e, depois, coloque a tigela sobre uma panela de água quase fervente, certificando-se de que o fundo da tigela não toque a água, e aqueça, mexendo só às vezes, até derreter e ficar uniforme.

Retire cuidadosamente do fogo, deixe esfriar um pouco e, depois, acrescente o extrato de baunilha enquanto mexe a mistura. Acrescente as amêndoas e o açúcar superfino e misture bem. Bata levemente as gemas de ovo em uma tigela à parte e adicione à mistura de chocolate, mexendo, junto com as frutas secas, as nozes ou os pedaços de chocolate.

Bata as claras em uma tigela grande e sem untar até se formarem picos firmes. Misture, aos poucos e com cuidado, uma colher cheia de claras à mistura de chocolate. Depois, acrescente o restante, também aos poucos, até que fique bem misturado.

Derrame sobre a forma preparada e leve ao forno pré-aquecido por 25 minutos, ou até que a massa cresça e fique firme na parte de cima, mas úmida e grudenta no centro. Retire do forno. Deixe esfriar na forma e, depois, vire-a.

Retire o papel usado para forrar e corte em 16 pedaços. Polvilhe o açúcar de confeiteiro para decorar, se desejar.

3 anos ou mais 95

índice remissivo

Abacate 27, 43, 72, 84
Abóbora 24, 32
Abobrinha 23, 56, 69
Alergias / intolerâncias 16, 19, 29
Alho-poró 36–37
Alimentos com açúcar 67
Alimentos processados 67, 81
Alimentos sólidos 12–13, 19, 28–29, 41
Almôndegas, com espaguete 45
Ameixa seca, purê de ameixa seca e damasco 26
Arroz
   Frito com ovo 87
   Cremoso e perfumado 63
   Para bebês 15, 19, 20, 21
   Com cordeiro e damascos 35
Atum, recheio para sanduíche 84
Aveia 24, 54

Bacon 84
Bananas 27, 83
Batata
   Purê de repolho 70–71
   Cozida, com bife com chili 74
   Purê de batata e nabo 20, 21
Bebês
   Alimentos comerciais 29
   Comida caseira 15
   Dietas vegetarianas 17
   Desmame 10, 12–13, 18–19
Bebês aprendendo a andar
   Incentivo para comer 67, 81
   Introduzir novos alimentos 53
   Berçário 81, 84
   Tamanho das porções 11
Bebidas 14, 41, 67, 83
Berçário 81, 84
Beterraba, molho 43
Bife 74, 88–89
Biscoitos de estrela 64
Bolinhos de muesli 82
Bolo de carne 88–89
Brócolis 22, 76, 90–91
Brownies, chocolate 94

Café da manhã 81
Caldas / molhos 42–43, 51
Carboidratos 8, 11
Carne de porco, ameixas e purê de repolho 70–71
Cenouras 20, 21, 44
Chirívia, com hambúrgueres 55
Chocolate, brownies 94

Cogumelo 36–37, 62, 68
Congelar alimentos 15
Cordeiro, com arroz e damascos 35
Couve, purê 70–71
Couve-flor, purê de couve-flor e brócolis 22

Damascos 26, 35
Dieta 7, 8, 11
Dietas vegetarianas 17

Ervilhas 23, 58
Espinafre, purê de abóbora e espinafre 24

Falafel, com salada de cenoura 44
Feijoada, à moda de Boston 72, 75
Fibras 9, 53
Framboesas 51
Frango
   Com abacate, para sanduíches 84
   Alho-poró, cogumelo e maçã 36–37
   Triângulos de quesadilla 62
   Frito agridoce 58–59
   Rolinhos texanos-mexicanos 72–73
Frito, frango 58–59
Frutas 11, 51, 54, 78–79, 83, 92–93

Gorduras 8, 53

Hambúrgueres 55, 67
Homus 42, 84
Horários das refeições 7, 29, 41, 53, 67

Intolerâncias a alimentos 16
Iogurte 39, 51, 78–79, 83

Lanches 41, 53, 67, 81
Lasanha 69
Laticínios 11, 14, 41, 81
Legumes 30, 31, 33, 69
Leite 14, 19, 41, 53, 81

Macarrão com queijo 38
Maçã
   Cozida, com iogurte doce 78–79
   E molho de beterraba 43
   Frango, alho-poró e cogumelo 36–37
   Purê de pera e maçã 24, 25
   Iogurte de ameixa e maçã 39
   Torta com cobertura de açúcar 92–93
Massa
   Com abóbora manteiga 34
   Macarrão com queijo 38
   Com molho de pimentão vermelho 48–49

Salada 86
Espaguete com almôndegas 45
Lasanha de legumes 69
Medidas 4
Milho, bolinhos fritos de milho e queijo 50
Minestrone, sopa 46–47
Molhos 30–31, 48–49, 64
Morango, calda 64

Nabo, purê de nabo e batata 20, 21
Nutrição 8–9, 17, 53, 81

Omelete alto 56
Ovo, sanduíche de ovo e bacon 84

Palitos de pão, com molhos 42–3
Pera, purê de pera e maçã 24, 25
Perigo de engasgar 29, 41
Peru, trouxa com brócolis 90–91
Pimentão vermelho 48–49, 56, 60, 76
Pizzas 60–61, 67
Proteínas 9, 11
Purê de melão 27
Purês 15, 19–27

Queijo
   Palitos de massa 46
   Recheio de fruta 84
   Macarrão com queijo 36
   Molho 30, 31
   E bolinhos fritos com milho 50
Quesadilla, triângulos 62
Quinoa, com legumes 33

Recheios para sanduíches 84–85
Risoto de legumes 32
Rolinhos texano-mexicanos 72–73

Sal 81
Salada de repolho 84
Saladas 44, 76–7, 86
Salmão e arroz frito com ovo 87
Sopa minestrone 46–47
Sorvete e calda de morango 64–65

Tamanho das porções 11, 41
Tomate, molho 30, 60, 69

Vagem, purê de vagem, ervilha e abobrinha 23
Vitaminas 83
Vitaminas e minerais 9